純喫茶とあまいもの

これからも通いたい30の名店

京都編

難波里奈 著

誠文堂新光社

いつかまた、ふらりとお邪魔できる日を夢見て

世界中の人々にとって忘れられない時となった２０２０年。この本の取材を開始したのは２０１９年の秋で、半年の間、毎月のように京都へ赴き、お忙しいにもかかわらず取材にご対応くださったお店でその歴史や熱い想い、これからの展望をうかがうという貴重で楽しい時間を過ごしました。さみしさとともに最後の１軒へうかがったのは２０２０年の冬の初め。少しずつ世間に緊張感が広がり始めていたものの、こんな風に好きなお店へ行けない日々が長く続くとは思ってもいませんでした。

気軽に足を運べないぶん、かつての記憶とそこで笑っていた人たちへの想いが募った春。以前のように出掛けられるようになるのはきっとまだ先のこと。長い歴史を途切れさせないよう灯りをともし続けているお店の方たちの健気さを思うとすぐにでも飛んでいきたい衝動に駆られてしまいますが、なかなかそうもいかないもどかしい状況です。

今回ご紹介する30軒は、以前から何度も通っていたお店やいつか行ってみたいと東京から恋い焦がれていたお店たちです。皆さまのお気に入りの１軒も載っているのではないでしょうか。世界遺産を含む寺社仏閣、おいしい京料理などがあり、国内のみならず海外からもひっきりなしに観光客が訪れる唯一無二の魅力を持つ京都には一度は訪れたい魅力的な純喫茶がたくさん存在しているのです。そして、いつでも扉を開けて訪れる人たちを待っています。

いつかまたふらりとお邪魔できるその日を夢見て。周辺にお住まいの皆さまは次のお休みの予行練習として、遠方の皆さまは空想旅行に飛び立つため、ページをめくっていただけましたら幸いです。

難波里奈

純喫茶とあまいもの 京都編

目次

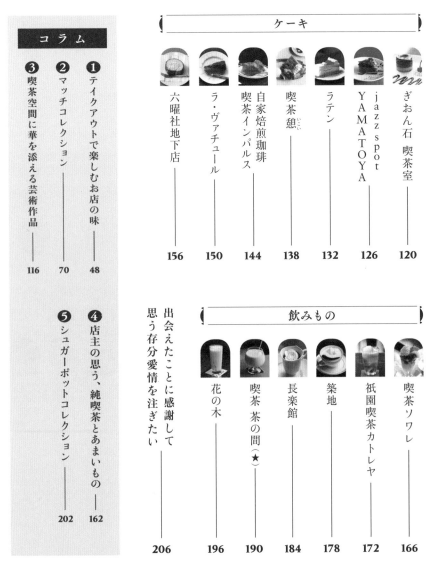

ケーキ

飲みもの

コラム

＊(★)のお店は写真と説明文でお楽しみください。

＊＊本書は2020年10月時点の情報に基づき制作しています。お店の情報等は今後変更になる場合があります。

パフェ／ゼリー

マリ亞ンヌ

クリームソーダとパフェの奇跡の融合
唯一無二のソーダパフェ

ソーダパフェ

クリームソーダから着想を得て誕生した。定番はメロン（緑）とピーチ（桃）。ソーダ（青）は夏季限定。果物盛りだくさんの美しい盛りつけにも注目。

純喫茶という対象を例外なく愛していますが、「扉を開けた瞬間に「絶対に素晴らしいお店だ」と確信するのは、いつも店主の愛情が店内にあふれているのを感じたときでした。梛辻《なぎつじ》駅から徒歩数分、夏には生命力を感じる濃い青色の水田、秋になると黄金色の稲たちが揺れる風景を窓の外に見ることができる「マリ亞ンヌ」もその一つ。大きな丸い窓が六つ、一軒家の広い空間で、店名は先代が好きだったという女優さんからつけられたもの。真ん中の一文字だけ漢字なのは縁起の良い画数だったから、という理由です。

現在二代目を務める奥田真哉さんのお父様とお母様が、働いていた銀行を辞めて始めた念願のお店。1973年創業でまもなく50年が経過しますが、近隣に住む昔からの常連さんだけではなく、日本全国から老若男女が訪れるようになったのは奥田さんによる経営努力の賜物でもありました。

1日中いつでもオーダー
可能なモーニング。

全部で6つ並ぶ丸窓。どの席に座ってもよく見える。

「昔からクリームソーダはあったんですけど、2、3年前にはほかにはない唯一無二のメニューをと思って始めたのがソーダパフェなんです。最初は、緑色と桃色だけでしたが、最近は夏だけの限定色として青色ソーダも出しています」と、少しでも若い人たちに来てもらえるようにと願いを込めて作られたソーダパフェ。今ではすっかり看板メニューとなりました。パフェグラスの中に入っているのは、寒天ゼリー、さくらんぼ、黄桃、バナナ、みかん、りんご、和梨、アイスクリーム。手際よく盛られて完成していくそれは、見ているだけでも幸せな気持ちになる一品です。以前は、フルーツパフェやチョコレートパフェもメニューに並んでいたそうですが、こちらの誕生とともに代替わりしたという潔さ。

毎日いらっしゃる方は自分の指定席があって、それは窓際の角だったり、中央の大きなテーブルだったり、入口の近くだったりとそれぞれ。それはきっとそのときの気分によって眺めたい景色が違うから。丸窓の向こうの田園、厨房の中の人の動き、有線から流れるBGM——。椅子の高さ1センチにもこだわって造られたという先代の美意識があるゆえに、どこの席を選んでも計算し尽された風景が約束されているのです。

「自分の店だけど、毎日ほっこりしています。この丸い窓から見える風景がかわいくて好きですね」と目を細めて笑う奥田さん。その気持ちに触れたときに冒頭の感情を改めて実感するのです。営む人の心というのは、目には見えなくてもなんとなく肌で感じるもの。お店の方が大切にしている場所はあたたかい空気で満たされていて、訪れる

人たちも自然と居心地の良さに包まれるのでしょう。
　喫茶店の仕事は接客から調理、清掃に経理をこなし、さらには経営も行うという大変な職業。一定に保たれたメンタル、日々同じことを継続できる意志の強さなど、もろもろの才能がないとなかなかできないことだと思っています。しんどさと同時に楽しさも知っているからこそ、二代目として可能な限りお店を続けていきたいと奥田さんはいいます。
「わずかな時間であっても、空間や雰囲気を楽しんでもらえたら」という通り、喫茶店は自分だけのひととき、さらにはときめきや安らぎも得ることのできる「心のオアシス」。人生という波に身を任せるのは少しお休みして、コーヒー色のカーテンが揺れる船の中のような空間で、思い思いにくつろぐのはいかがでしょうか。

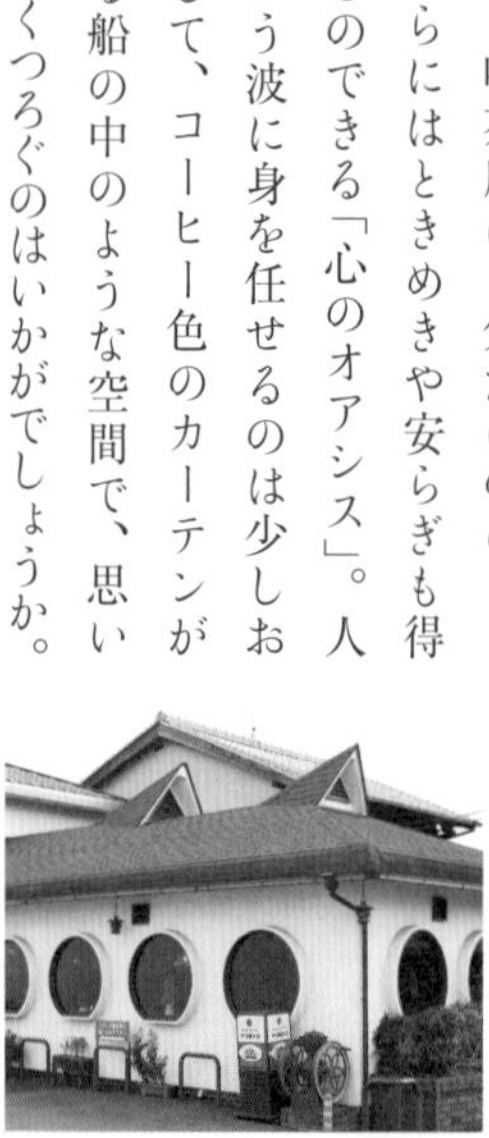

◎マリ亞ンヌ

㊒京都府京都市山科区
椥辻池尻町32-4
㊖［平日］8:00～17:30
［土・祝日］8:00～13:30
㊡日、祝日不定休
☎075-592-0854

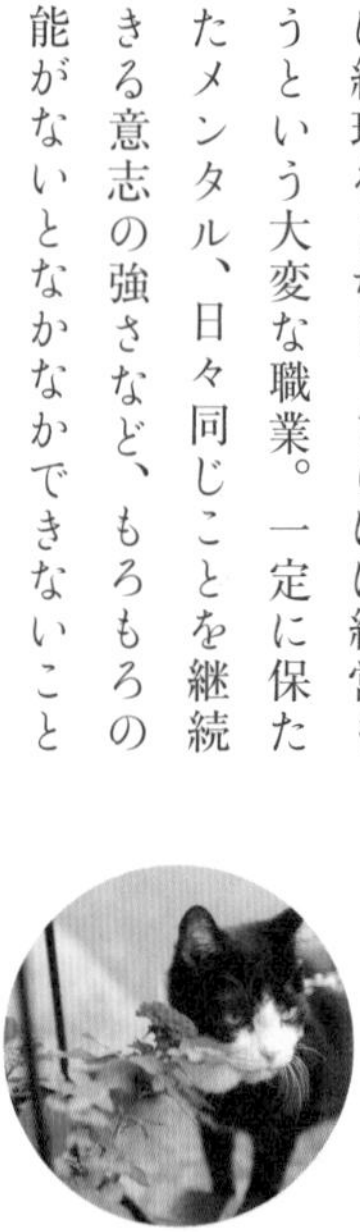

ふだんは
店の奥に隠れている
飼い猫みーちゃん。

ソーダフロートとパフェのいいとこ取り！

1

注文ごとに作られるソーダパフェ。寒天とソーダを注ぐ。

2

バナナを沈めたら、次にホイップクリームを盛りつけ。

3

最後に、果物やアイスクリームをのせて仕上げ。

メロンソーダパフェ

桃ソーダパフェ

ソーダパフェ

リゲル

上から見るか横から見るか
グラスに花咲くフルーツパフェ

純喫茶のセールスポイントの一つである、お値打ち価格で食べられる手作り料理。業務用のレトルトは使用しない、テーブルに置かれている調味料も自家製など、各店舗こだわりのポイントはいくつもあります。今までたくさんのお話をうかがってきて今回初めて耳にしたのが、「提供している米も自分のところで作っている」というキーワード。毎年初夏に田植えをされるので、秋には新米が食べられるという最高のサービスがあるのは伏見区の「喫茶リゲル」です。

バスに揺られて自然豊かな風景を楽しんでいると見えてくるのは、窓の形がかわいらしい一軒家。1981年創業、SNSなどを駆使して日々お店の新鮮な情報を流してくださるのは二代目の田中芳幸さんです。

「僕が高校3年生のときに父が亡くなり、それからは母とパートさんで営

フルーツパフェ

黄桃、パイナップル、みかん、バナナなどゴロッと大ぶりの果物がのったパフェ。たっぷりのホイップクリームに甘酸っぱいストロベリーソースをかけて。

業していたんですが、母も高齢となり体がつらくなってきて。僕が20歳くらいのときに、今後どうしようか？と話し合いをして継ぐことになりました」と、若くして人生の決断を迫られた田中さん。料理の専門学校を卒業されていますが、さらにその後ＵＣＣ主催のコーヒーアカデミーにも通って再度コーヒーの淹れ方について基礎から学び直したほど、勉強熱心な方。

「いまだに手さぐりですよ」と謙遜されますが、提供される料理も全て美しく、とてもおいしそうです。その秘密は、生まれ持った才能や努力とともに、「時間があるときには、他のお店に勉強しに行く」という探究心の成果もあるのでしょう。

常連さんたちのリクエストに応えていくうちにどんどん増えていったという料理の数々。「あれが食べたいこれが食べたいっていわれるので

教会を連想させる三角屋根のような窓が並ぶ。

プレッシャーはありますが、わざわざここまで来てくれるんで、いろいろあるほうが喜んでくれるのかなって」と田中さん。なんとメニュー表には、長崎名物のトルコライスまで並んでいます。冒頭で書いたように、定食についてくる白米は田中さん自らが休みの日に世話をして育てた「リゲル米」です。日によっては畑で採れた新鮮な野菜を日替わりランチなどで提供することもあるそう。

「喫茶店という仕事は楽しいですよ。幅広い色々なお客さんと話せますしね。SNS（ツイッターとインスタグラムを運営されています）をやるようになってからは、若い方たちもよく来てくれるようになりました。例えば、うちがフランス料理などの高級レストランだったら友人に対して『店に来てよ』と気軽には誘いづらいかもしれませんが、喫茶店だか

アイスアーモンドオレ＆メープルトースト

ホットケーキ

フルーツパフェ

ストロベリークリームソーダ

ら500円持ってきてくれたらいいですしね（笑）」。喫茶店という空間は誰に対しても開かれていて、懐かしいだけではなく、若い人が見るとモダンで格好良い要素もちりばめられています。田中さんの言葉の通り、老若男女が気軽に集まることのできる貴重な場所であるとあらためて実感したのでした。

◎リゲル

㊒京都府京都市伏見区羽束師古川町327
㊞月～金 7:00～19:00
　土 7:00～18:00
　［ランチタイム］11:00～14:00
㊡日・祝日
☎075－934－2993（予約可）

先代がデザインした喫茶店

外壁に取り付けられた屋外灯。やさしいオレンジの光が辺りを照らす。

サイフォンが並ぶ長いカウンター席は、「お客さまと近くで接したい」という先代の想いから設置されたもの。常連さんたちをはじめ人気席となっている。

この歴史ある空間にすっかりなじんでいる淡い緑色の椅子。張り替えたばかりで気持ち良い。

どこか教会を思わせるリゲルの店内は天井が高く、ステンドグラスは光を浴びてきらきらと輝いています。「父が自家生産野菜の移動販売をしていて、その後憧れだった喫茶店を開きました。この建物は、父が店のためにデザインも担当して一から造ったものなんです」と、二代目の田中さん。少し前には台風と地震の影響を受けて、外観の改修を行ったそうです。

メロンシャーベットと
バニラアイスが交互に楽しめる
端正なツートンパフェ

ひめりんごパフェ

店名を冠した名物パフェ。グラスの中は、メロンシャーベットとバニラアイスが何層にも重なる。りんごのようなコロンとした形のシャーベットがかわいらしい。

ひめりんご

ひめりんご

京都駅から市営バスに揺られて神光院前という停留所で下車。初めて目にする風景をきょろきょろと眺めながら、川のある方向へ向かってのんびりと歩いた12月のある日。何かきっかけがないと知らなかっただろう街は数え切れないほどありますが、ある日ふとしたきっかけで知った喫茶店に「どうしても行ってみたい！」と思い立って、そこだけを目指して出掛けることが多々あるため、そのおかげで好きになった街もたくさん。「ひめりんご」のある地域もその一つです。

　想像よりも川幅が広かった賀茂川までたどり着くと、視界に飛び込んできたのは、りんごのなる木を模したかわいらしい看板。入口に進むと店名がくりぬかれた鉄製のモチーフがぶら下がっていたり、扉の取っ手部分の「ひく」の文字の下にりんごが描かれていたり。細かなところまでこだわってあり、見

つけるたびに楽しい気分になります。

こちらを営むのは藤木靖夫さん・公子さんご夫婦。創業は約40年前。近隣には民家も少なく、「お客さんが来るのかな」と思いながらも自宅だった場所を半分改築してお店にしたそう。「ここに家が建つ前は義父母が畑をしていたのですが、それもやめてしまって。土地が空いたところに私も何かしようかなと思って（笑）」と公子さんが始めたひめりんご。開店から数年後には靖夫さんも勤めていた会社を辞めて一緒に営むことになったそうです。

公子さんは、幼い頃からお父様に連れられて喫茶店に頻繁に通っていたというハイカラなお子さんでした。お店自慢のコーヒーはサイフォンで淹れられます。一方、最初はコーヒーが飲めなかった靖夫さん。好きな飲み物はミルクティーとコーラだったそうですが、お店を始めてからしばらくたつと、病

右）アーチ状にコーヒーカップがつるされた店内。
左）洗面所のタイルは花柄のモチーフ。

院の検査などの都合で24時間飲んではいけないとなってしまった日には待ち切れないほど、コーヒーが大きな存在となりました。また、店内の至るところで目にするひめりんごが店名になったのは、内装を担当したデザイナーのお子さんがつけてくれたからだということです。

隅々までぴかぴかに手入れされ、清潔感のある店内。大きな窓がある席からはのどかな風景が見えて、まるで絵画のようです。おすすめの季節を尋ねると、「桜の頃か雪が降ったとき」と教えてくださいました。特に、川沿いの木々に積もった雪がきれいで、公子さんはそれを眺めるのがお好きだそう。取材にお邪魔したのはクリスマスを目前に控えた時期。店内には、りんごのオブジェがたくさんつり下げられた大きなツリーがライトアップされていました。全体的に赤みがかった内装は、特注で作られた暖

炉のあたたかな色合いと相性がぴったりでした(ツリーは毎年12月1日~12月25日に飾られるそうです)。

5台分の駐車場もあるため、遠方から車で訪れても安心です。お好きな季節に、賀茂川の風景を眺めながらおいしいフルーツサンドやパフェでひと息つくのはいかがでしょうか。

◎ひめりんご

所京都府京都市北区
西賀茂鹿ノ下町47
営9:00~18:00
休月
☎075-492-6048

常連がこよなく愛すフルーツサンド

話をうかがっている途中にやってきた常連の女性と話したところ、名物でもあるフルーツサンドがとても好きだと教えてくれました。「いろいろ食べたけど、ここのフルーツサンドがいちばんおいしいよ。毎日でもいいね」。長年通っている方の言葉に嘘はなく、今までに見たことのない「黒食」と呼ばれる黒いパンに挟まれた色とりどりの果物たちはみずみずしくてあまく、目にもおなかにも満足感を与えてくれるのでした。

パンにイチゴジャムを塗ったあと、キウイ、いちご、バナナ、パイナップルなどを挟む（フルーツは季節によって変わる）。

CAMEL

フルーツを楽しむチョコレート・パフェ
ご家族で営む安らぎの空間にて

清水焼の生産地として知られ、夏には陶器祭りでにぎわう五条坂や、河井寛次郎記念館からも近い一軒家の喫茶店「喫茶キャメル」。遠くからでも目立つその茶色の屋根には、三角形の窓が2つ飛び出していて、まるで猫の耳のようにも見えます。創業から45年経過したこちらは、田島吉廣さん・巳佐子さんのご夫婦と、次男の雅浩さんの3人で営まれています。駐車場が広いため、遠方からやってきて利用される方も多いそう。

この場所はもともと、吉廣さんのご実家が段ボール箱の製造販売を行っていて、ガレージとして使用されていました。吉廣さんが大学を卒業した1975年に家業の工場は山科に移転。場所が空いていたので、喫茶店を営んでいた親戚から「空間がもったいないから、お店を始めたら?」とすすめられ、開くことにしたそう。さまざまな業態

チョコレート・パフェ

一筋のメロンシロップが目を惹くチョコレート・パフェ。バナナやさくらんぼなど、果物はその時々で変わる。グラスの中はアイスクリームがぎっしり。

がある中で喫茶店を選んだのは、身近な存在だったことと、その当時、京都には少しずつ喫茶店が増えてきており、今はなき「ビュッフェ」でのアルバイト経験もあったことから。また、「キャメル」というと、有名なたばこの銘柄を思い浮かべますが、店名はそこからつけられたのではなく、外壁の色をラクダ色にしたことから「喫茶キャメル」としたそう。職人がもういないため今では手に入らないという貴重なカットガラスの窓に、柔らかなあめ色の光をともすランプ、高い天井と飛騨の木材で作られた特注のテーブルたち。ご自分の店を造るにあたって、吉廣さん自らイメージ図を描いたこだわりの空間の中でも目を引くのは、少し背の高いパーテーション。最初は、向こう側が見えるような透かし彫りがされていたそうですが、30年くらい前に割れてきてしまったため、現在のセピア色をし

店内は一面に楽しいイラストが描かれたパーテーションで区切られている。

た海外の絵画のような味のあるクロスにしたとのこと。

一緒に店を支える奥様の巳佐子さんと吉廣さんとはご実家が近所という間柄。創業当時は、アルバイトの方もいらっしゃいましたが、現在は家族だけで営むアットホームな雰囲気。「キャメルランチ」という名の日替わり弁当は特に人気があって、連日11時半を回ると、それを楽しみにする人々でほぼ満席になるそうです。

「喫茶店という仕事の楽しみは、人のつながり。いつも来る人が来なくなっ

たりするとどうしたのかな？と心配したり。昔はよく顔を合わせる人たちで花見をしたり、旅行に行ったりもしましたよ」と、巳佐子さんが話してくださったように、ときには血のつながった親族よりも近い距離で過ごす人たちと出会える不思議な場所。壁に飾られている「コーヒーがあるから君と結ばれる」という印象的な書の通り、好きなときにやってくる訪問者を何十年もの間まるで定点観測のように同じ場所で待ち、繋ぐのは一杯のコーヒー。携帯電話が普及して待ち合わせをしなくとも誰かと会えるようになって、むしろ会わずとも用事を済ませられるようになった今。それでも、喫茶店のような場所が決してなくなってしまわないのは、偶然によって生まれる出来事や思い出に何かを期待しているからかもしれません。

大阪のケーキ店から取り寄せる本日のケーキ。この日は塩キャラメルロールケーキ（時期によって取り扱いがない場合もある）。

喫茶キャメルができた際にずっとこの近くで暮らしていた巳佐子さんが「なんか、いいお店ができたなぁ」と思ったように、当時新しい喫茶店ができることは周りに住む人たちの心をわくわくさせたのでしょう。時を経て、こうしてやってきた私たちも長い年月によって熟成された空間に同じようにときめいて……。そんな風にして、長い人生をやり過ごしていくためには必要なほっとひと息つける時間を、これからも提供し続けてくれるのです。

◎喫茶キャメル

㊒京都府京都市東山区
五条橋東4-438-1
㊢9:00〜18:00（L.O.17:30）
㊡第四・五土、日、祝日
☎075-561-5008（予約可）

COFFEE
ヨゴ
苦味とあまみのバランスが最高
とろけるほど柔らかい珈琲ゼリー

珈琲ゼリー

二代目の河瀬さんが店を継いだ後に完成させた新メニュー。しっかりした苦味に添えられたクリームがよく合う。口に入れると、とろけるような食感。

コーヒーを飲める場所が純喫茶しかなかったような昭和の時代と違って、選択肢に幅のある現在。そんな中でも、先代の意思をどうにか引き継いでいこうと日々奮闘し続ける人たちがいます。今出川通にある「ゴゴ」もその一つです。取材でお邪魔した日、店主の河瀬さんは、とてもお似合いの美しい着物姿で出迎えてくださいました。二代目とうかがって勝手な思い込みから実のお父様が先代という解釈をしていたのですが、話の途中でゴゴを創業したのは義理のお父様だと知りました。

先代の体調が悪化するのにともなって手伝いが必要となりましたが、血縁であるご主人はサラリーマンだったため、河瀬さんがお店に立つことになったそう。「悔しいことに主人はコーヒー屋の

息子なので、サイフォンの使い方も最初は私よりも上手で。生まれ持ったものがあるのですかね」と慣れた手つきで大きなサイフォンを操ってコーヒーを淹れる河瀬さん。「大阪出身だからか、ついついサービスしたくなっちゃって」と、通常4杯分とれるはずのコーヒーをたっぷり使ってしまうため、3杯分しかとれないと笑います。

「開店した頃とは違って、今は選択肢がたくさんありますから、こういう喫茶店でゆっくり時間を過ごす方も少なくなりました。京都は個人経営の喫茶店が比較的残っているほうですが、それでも代替わりがうまくいかなかったりして、古くから営業されていた店がなくなってしまっています。義理の父から継いでほしいといわれたわけではないんですが、遺言でいつまでも遺してほしいとお願いされたこともあって。タバコを吸わない方たちには申し訳な

いんですけど、禁煙の喫茶店にはするなとはいわれました」。先代はヘビースモーカーだったそうですが、晩年は病気もあって泣く泣く禁煙せざるを得なかったそう。喫煙についての線引きはとても難しいと常々考えさせられますが、「喫茶店」の「喫」の字は喫煙も指すことから、文化として残っていってほしい気持ちも分からなくはないのです。

創業当時から毎日焙煎を行うことで新鮮なコーヒーを飲めるのを売りにしていたゴゴ。先代は大量に焼いてずっと豆を置いておくことが許せなかったようで、河瀬さんもそれに倣って毎日必要な分だけ店先で焙煎を行っています。風に乗ってふわりと漂うよい香りにつられてやってきた外国人観光客たちに「あなたのコンセプトはいいね」と褒められることも多いそうですが、こまめに焼くのは演出上の理由からで

柱時計にシャンデリア、赤いビニールレザーのソファ。安らぎを与えてくれるノスタルジックな空間。

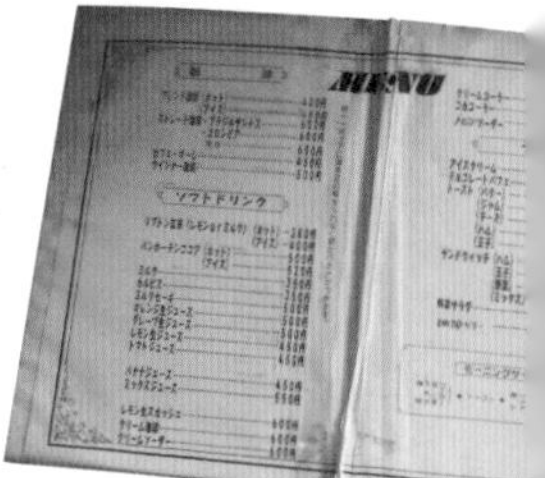

はなく、そうしないと挽きたての豆がなくなってしまうから。お店で飲む時間がない場合、豆は100グラムから購入できます。もしお近くであれば、新鮮なものを飲んでいただくために少量ずつ買うことをおすすめしています。外に貼りだしたりはしていませんが、テイクアウトも可能で、ここだけの話、通常お店で飲めるサイズより若干量が多いそう。お天気のよい日は鴨川を眺めながら飲むのも素敵です。「古いものは今から作ることはできませんし、自分で発信することは苦手なので守ることで精いっぱいです」と河瀬さんは謙虚におっしゃいますが、先代の気持ちになってみたら、自分の想いをきちんとかなえてくれて、今もこうして店を開けてくれているというのはどれだけうれしいことでしょう。

◎ゴゴ

㊢京都府京都市左京区
田中下柳町8-76
㊥8:30～夕方
㊡日・祝日
☎075-771-6527

ストローを差し込むとあふれてしまうほどたっぷり盛られたクリームソーダ。ここにも、ついサービスしたくなる気持ちが表れている。レトロな柄のガラス皿が受け止めてくれる。

切り通し

進々堂

SHINSHINDO

「ほら、あれ持ってきて」「あの緑のんやんか」
舞妓さんが名づけた、お店名物3色のゼリー

ずっと変わらないと思っていた日常が揺らいだ2020年の春。自宅で過ごす時間が圧倒的に多くなり、毎日の食事を作る隙間時間に夢中になったことといえば、ゼリーを作ることでした。粉ゼラチンをあたたかいお湯で溶かして、そのときの気分で好きな液体や果物などを流し入れる。完成したそれはいちばん美しい状態を閉じ込めて無限に見ていられるので、ちょっとした気休めになったのでした。そうした作業を行いながら思い出していたのは、まだ暑い秋の日にお邪魔した祇園の老舗喫茶「切通し進々堂」のことでした。

お店の名物は「あかい〜の」「みどり〜の」「きいろい〜の」という呼び名で親しまれている3色のゼリー。赤色はいちご味とレモン味で中身はみかんとマスカット、緑色はメロン味とレモン味でみかんとパイナップル、黄色はレモン味で輪切りのレモンが中に飾られ

フルーツゼリー

1つの層を固めてから材料を流し込むので、冷やし固めるのに6時間以上かかる。昔ながらのしっかりとした食感で、持ち帰りも可能。

初夏の頃から店内に飾られる、芸妓さんや舞妓さんの名前が朱書きされた京丸うちわ。京都の花街ならではの華やかな雰囲気。

ています。弾力のある食感で一度食べたら虜になってしまう人が多いそう。43年ほど前から存在したメニューですが、ある芸妓さんが都をどりの合間に召し上がるなどこよなく愛したことから知られはじめ、全国からゼリーを求める人たちがやってくるようになりました。夏の間、店内には祝い札やうちわが多数飾られていて華やかな空気を醸し出しているのもこの場所ならではの風物詩です。

お店の創業は1960年。二代目を務める藤谷攻さんのご両親によってパン屋として誕生しましたが、「今後パンの販売だけでは厳しくなるだろうから喫茶店をしたらどうだろうか」と知人からアドバイスを受けて、喫茶営業も始めたそう。当時の主なお客さんは花街で働く人たちか、近隣の人たちだけ。店内の様子が見えにくいこともあって、今よりもずっと

入店のハードルが高かったそうですが、15年ほど前のリニューアルを経て、入りやすい雰囲気となり初見の観光客も増えました。

週に150個ほど作られるゼリーの中でも一番人気は緑色。昔は、オレンジやグレープフルーツのゼリーもあって一つひとつ手搾りの果汁100パーセントで人気商品でしたが、あまりにも手間がかかるためやめてしまったそう。熱に弱いゼラチンの性質を考慮して気温により量などは調整するものの、品質が落ちてしまうことを避けるため3時間以上の持ち歩きはお断りしているとのこと。近くへ来たならば、いちばんおいしい状態のものを店内でいただくのがおすすめです。

京都はパンの文化も盛んなため、トーストやサンドイッチのメニューも豊富です。例えば、「上玉子トース

店名の文字が印刷されたグラスに注がれたアイスカフェオーレと上玉子トースト。

ト」。運ばれてきたときに、思わず歓声を上げてしまいそうなくらい分厚い卵焼きときゅうりがトーストに挟まれています。しっかり焼かれたパンとふわふわのオムレツ、みずみずしいきゅうりの3種の歯ごたえがたまりません。また、変わったところでいえば、ウィンナーときゅうりが挟まれた「ういきゅうトースト」は、他では見たことのない個性的なメニューです。現在、注文できるメニューは21種類。元々あったものばかりではなく、お客さんのリクエストから生まれたものが多いのだとか。その昔、少し焦げた香ばしいパンが好きな常連さんのために、トーストを火鉢で焼いていたことも。マニュアル通りではないサービスがあるのも個人経営のお店の良さの一つです。

「両親がそういう感じでやってきたので、うちにしかできないことをするのが存在意義かなと思っています。自

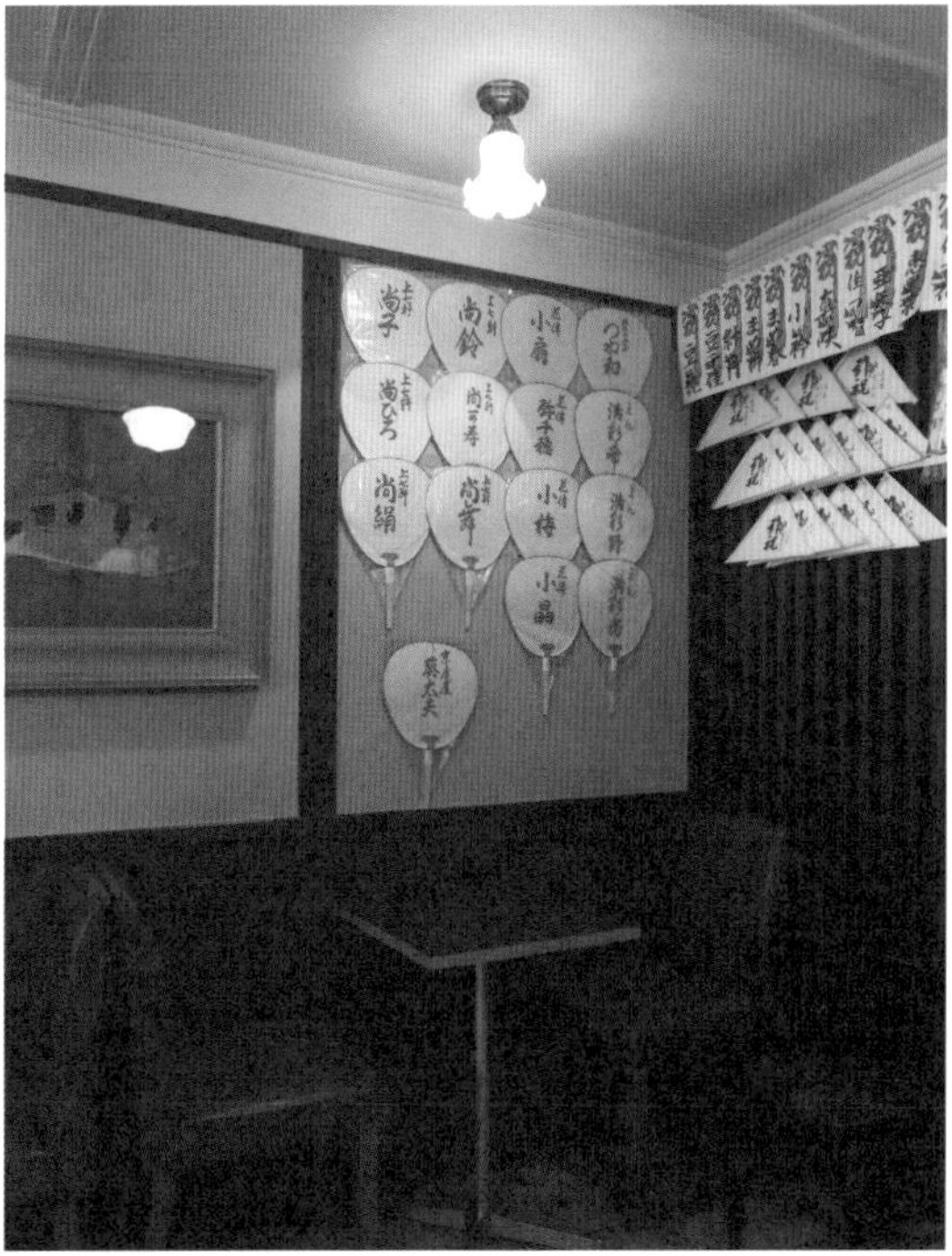

分も一緒に働くようになってから、ますますその良さが分かるようになりました」と話してくださったのは、三代目となる法子さん。3人で営むようになってから増えたメニューの一つに苺ジュースがあります。あまおうを使用しているため、旬の10月くらいからの期間限定メニュー。その時期にしか味わうことのできない商品は、より一層季節を感じさせてくれます。お話をうかがっている間、ずっと笑顔が絶えない藤谷さんご一家の様子に、これからの切通し進々堂の未来の明るさを感じたのでした。

◎切通し進々堂

㊒京都府京都市東山区
祇園町北側254
㊔10:00～16:00（L.O.15：40）
㊡月、不定休
☎075-561-3029

フランソア

ワインゼリー

2019年に10年ぶりの復活を遂げたワインゼリー。アルコールに敏感な人は酔ってしまうかもしれないほど、白ワインを贅沢に使っている。上の果物は季節によって巨峰やさくらんぼに変わる。

10年ぶりに復活
季節の果物が浮かぶ白ワインのゼリー

2003年に喫茶店として初めて国の登録有形文化財に指定された「フランソア喫茶室」。森鷗外の作品にも登場する高瀬川が目の前を流れるその場所は、もともと船頭さんたちが江戸時代から暮らしていた町家でした。その建物を創業者である立野正一氏が購入、1934年に喫茶店として始めました。

今回、お話を聞かせて下さったのは、二代目として店を守る今井香子さん。

「大学を出たのが昭和44年でそこから四十数年は母と二人で店に立っていました。平成11年に母が亡くなってから私がしばらくお休みして。その間は兄がここの代表を務めていたのですが、2019年2月に交代して、それからは私が継いでいます」。ケーキを焼いているのはお兄様の隼夫さんで、2019年8月、隣に開店した洋菓子店の代表となりました。それまでケーキ類の持ち帰りはできませんでしたが、洋菓子店

がオープンしたことで、誰かへのお土産や自宅で楽しみたいときも購入可能となってうれしい限りです。

2019年3月、一ヵ月ほどの改装時期を経て美しく生まれ変わったフランソア喫茶室。高級感あふれる内装は、創業当時京都大学に留学していたイタリア人のベンチベニ氏が、日本に来る際に乗ってきた豪華客船のメインホールをイメージして設計

たっぷりのバターで焼き上げるフレンチトースト。

50年以上デザインの変わらないクラシカルな制服。この制服に憧れて働くことを希望する人も多いとか。

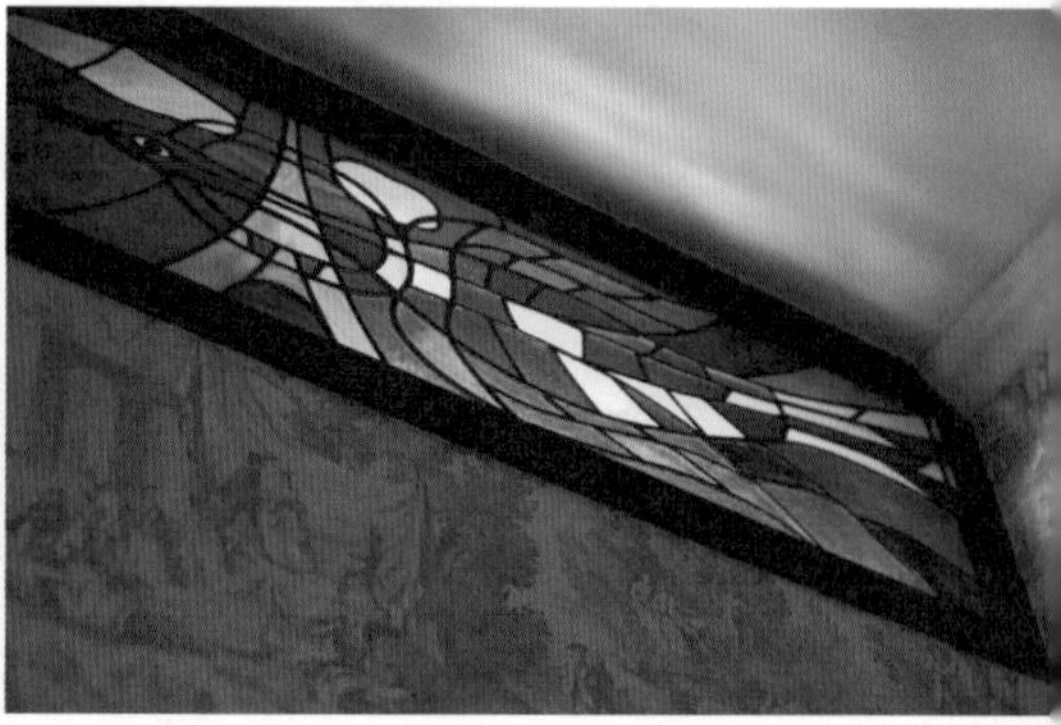

したそう。木屋町通りに面した漆喰の白い壁で美しく輝くステンドグラスは、立野氏の友人の画家・高木四郎氏デザインによるもの。腰を落ち着けて最初に目にするであろうメニュー表のかつての絵は画家・藤田嗣治によるもので、現在使用されているのは版画家・浅野竹二による絵を用いてリニューアルしたもの。そして、店内をぐるりと見渡せば視界に入る世界各国のさまざまな美術品や名画たち。その中で味わう至高の一杯——。

「居心地が良く感じのいい店である、ということが第一ですよね。それにはお客様が入って来られたときに『いらっしゃいませ』と、きちんとした所作で迎えることや、初めて来てくださったお客様にそわそわした気持ちを感じさせないよう、常連さんを大切にはしても優位にせず、誰にで

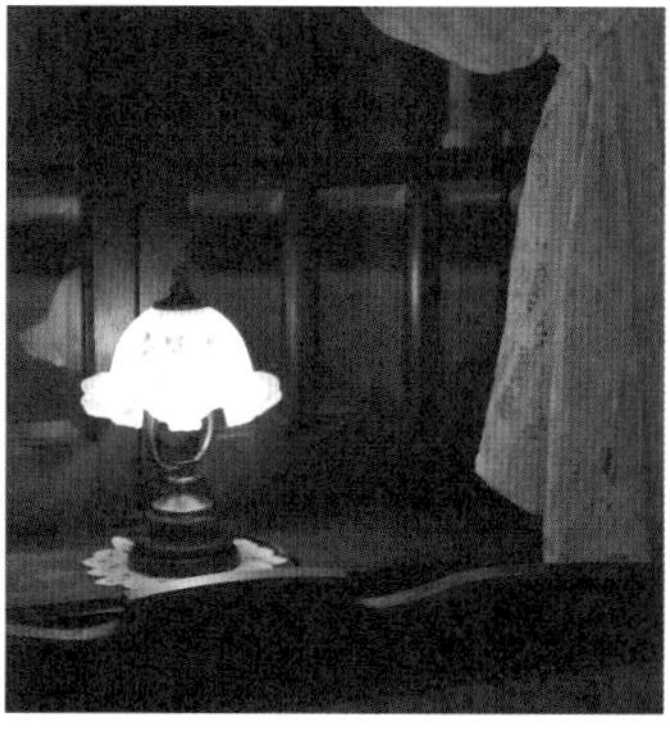

も平等に接客すること。雰囲気が売りでしょ、喫茶店って。ここでアルバイトしてくれている人たちは、愛社精神があって本当にきちんとやってくれています」と今井さん。働く人たちも訪れる人もこのお店が大好きで、この場所にふさわしい自分でいたいと思うからこそ守られる秩序。立野氏の「誰もが自分の考えや生き方をのびのびと表現できる、豊かで平和な世の中にしていこう」という想いはこれからも受け継がれ、フランソアの歴史はおいしい笑顔とともに途切れることなく続いていくのです。

◎フランソア喫茶室

㋠京都府京都市下京区
西木屋町通四条下ル船頭町184
㋪10:00～22:30
㊡無休（12月31日～1月2日は休み）
☎075-351-4042（予約不可）

喫茶物語　絵画と音楽

四条河原町

フランソア

フランソア喫茶室ができた20世紀初頭。ミレーを代表とするフランスのバルビゾン派は「自然に帰れ」という思想を掲げて農村風景を描き、志賀直哉や武者小路実篤、島崎藤村などの自然主義文学者たちもその影響を受けて、武者小路は「新しき村」という理想郷を日本につくりました。その頃、創業者の立野氏は日本画の絵描きを目指して美術学校に通っていて、「フランソア」の店名は傾倒していたジャン＝フランソワ・ミレーの『晩鐘』から取ったものです。

▲店内にはフェルメールの「真珠の耳飾りの少女」の複製、江戸時代に日本の絵師によって描かれた南蛮絵などが飾られている。

軍国主義の当時、立野氏も労働運動に関わってしまい、結局学校は退学してしまいます。政治的なことをなかなか口に出せない時代を憂い、せめて大学生をはじめとする若者たちが将来の夢や芸術論、哲学論をひっくるめた人生について自由に語り合える場所を提供したいと願い、店を始めました。

現在のように皆が気軽に音楽を聴ける時代ではなかったことから、店では高価な輸入盤や一般家庭では手の届かないようなスピーカーを取りそろえました。京大生や同志社生など、京都の大学で学ぶ音楽好きの学生たちが長い時間入り浸り、音楽喫茶として賑わったそうです。

コラム❶

テイクアウトで楽しむお店の味

家にいながら純喫茶の気分を味わえたら――。
そんな夢をかなえてくれるお店と品物をご紹介。
自宅でくつろぎながら楽しむ
コーヒーとあまいものもまた格別です。

ゴゴ
コーヒー豆

コーヒー豆のほか、各種コーヒーと
カフェオレもテイクアウト可。

切通し進々堂 ゼリー

3時間以内の持ち歩きでテイクアウト可。常連客は保冷バッグを持参するという。店頭にはおかきなども。

進々堂京大北門前 パン＆フード

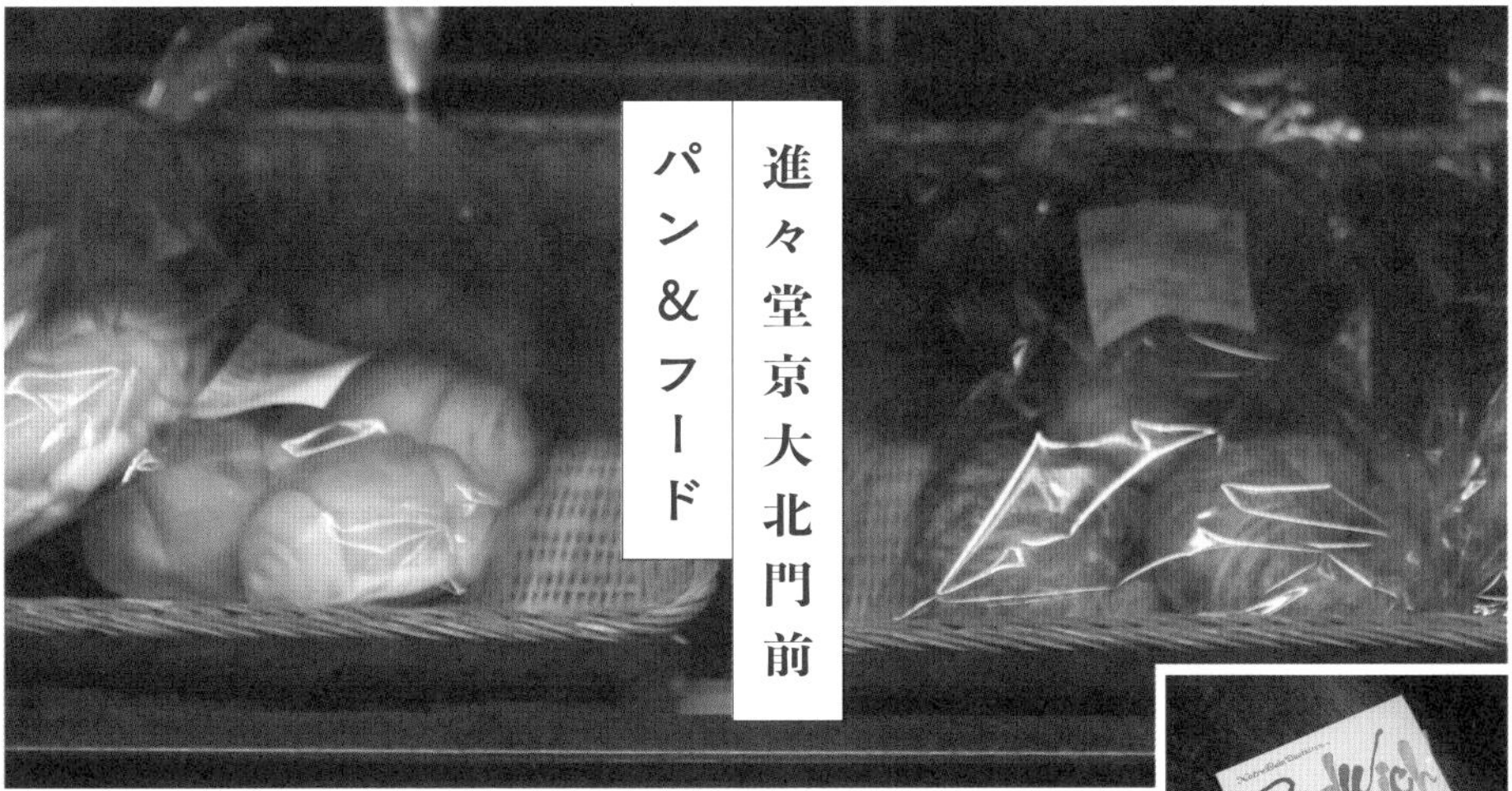

喫茶店内にて、食パンやクロワッサンなどパンが購入できるほか、サンドイッチやカレーもテイクアウト可。

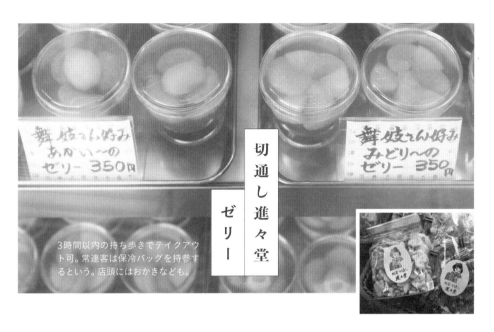

ラ・ヴァチュール

タルトタタン

タルトタタン、クルミのタルト、オペラがテイクアウト可。自宅でのおいしい食べ方メモもついてくる。

イノダコーヒ三条支店

ケーキ

ショーケースに並ぶスイーツ、コーヒー豆やドリップコーヒーのほか、店舗で使用するカップ&ロカ器などのオリジナル商品も購入可。

プリン／アイス

翡　翠

プリンアラモード

岡田さんが四代目を継いでから登場した新メニュー。プリンはアガーで冷やしかためられており、口当たりなめらか。軽い食感のラスクやミントも自家製。

ラスクの食感がアクセント
アガーを使ったぷるぷるプリン

今までさまざまな純喫茶の方々にお話をうかがってきました。現在も営業が続いているお店たちは、血縁関係にある方が跡を継いだり、長年通っていた常連客が店を買い取ったりして、その歴史が今に至るケースがほとんどでした。以前、風のうわさで閉店の話が流れてきて心配だったのが「喫茶翡翠」。北大路堀川にある外観の美しいお店です。その後詳しい事情は分からないままでしたが、営業は続いているらしいと耳にして、勝手に安心していました。しかし、その裏側には実に興味深いエピソードがあったのです。

四代目を務める岡田有子さんは創業者の血縁者ではありません。しかも、友人だったわけでもないのです。ただ、岡田さんの前職が翡翠のガスメーター検針担当だったことから運命は動き始めます。「毎月一度、検針に来ていて、三代目のマスターとは世間話をするぐ

店内は100席ほどもある広さ。昭和に流行したテーブルゲームも置いてあり、現役で動く。

らいだったんですけど、『体調が悪いから、誰か引き継いでくれる人を探している』と聞いて。退院された後にお店にお見舞いに行ったんですが、そのとき店内に初めて入ったんです。『継ぐ人は見つかりましたか？』と聞くと、見つかっていなかったみたいで、会話の流れから『やるか？』といわれました。当時、外回りの仕事を続けていくのもつらく転職を考えていたタイミングだったので、やりたい、でもできるのかなと、たくさん考えて悩んで、家族にも相談してみたら『いいんじゃない？』って（笑）。この歳でこんなチャンスもそうないし、ご縁かなと思って継ぐことを決めました」と、まるで小説のようないきさつが。具体的に考えていたわけではなかったそうですが、「いつかお店を持てたら……」と思うことはあったようで、岡田さんの夢は急展開でかなってしまったのです。

シャンデリアや布貼りのソファなどゴージャスな雰囲気は創業当時のまま。

もちろん大変なこともありました。当初は、マスターがしばらく一緒にお店に立つという話でしたが、体調が悪化し、たった5ヵ月の研修のみで100席もある広い店内を一人で任されることに。特に大変だったのは、「自分が社員で働いているときは思いもしなかった、経営や保険とか、そういう細かなこと」と教えてくださいました。

とはいえ、翡翠を継ぐことがあらかじ

クリームソーダ

いちごミルク

チーズケーキは、岡田さんに代替わりしてから増えたメニュー。

め決まっていたのではないかと思ってしまうほど、岡田さんのさまざまな職種経験が今に生きているのです。例えば、調理師免許を所有していることで、メニューのレパートリーが増えたこと。ケーキ工場で働いていたことによって、現在お店で提供しているケーキ類は手作りになったこと。花屋で働いていた経験から、以前はリースしていた店内の植物たちを自分で育てて世話をする

爽やかなオレンジソースがかかったフルーツパフェ。クリームやバニラアイスとの相性が抜群。

ように切り替えたこと。また、家庭を守る妻・母親としての立場から無駄をなくしたいと食パンの耳を使用してラスクを作ったり、ミントの葉を自家栽培したりと次々にアイデアが。

「お客さんの中には1日に1回だけじゃなくて、2回、3回と来る人も。朝はモーニング、15時ぐらいにお茶を飲みに、夜になってご飯を食べに来るという感じで」と、喫茶店の利用方法としても理想的な在り方です。

人生は何があるかわからない。どうにもならないことも多々ありますが、何を選んでいくのか決めるのも、また自分なのです。興味のあることにきちんと向き合ってきたフットワークの軽い岡田さんだったからこそ、引き寄せたご縁だったのでしょう。誰にでもつかめるわけではありません。仕事という枠を超えた、人生のおもしろさを今回の話から強く感じたのでした。

◎喫茶翡翠

㊫京都府京都市北区
紫野西御所田町41-2
㊮［月～土］9：00～21：00
［日］9：00～20：00
㊡無休
☎075-491-1021（予約可）

フルール

シャンデリアが輝く開放的な空間と
ガラスの器に鎮座する
ダブルプリン

ダブルプリン

店で焼いた自家製プリンは昔ながらのほどよい硬さ。周りを飾るのはホイップクリームと色とりどりのフルーツ。

バターホットケーキ

シンプルな厚みと、生地がみっちりと詰まった食べごたえのあるホットケーキ。

チョコレートパフェ

絶えず注文が入る一品。バナナとみかん、さくらんぼに、ホイップクリームが隠れるほどのチョコレートソース。

キウイソースにみかん、バニラアイスの層の上に、プリン、キウイ、みかん、ホイップクリーム、さくらんぼが盛られたボリュームたっぷりのパフェ。

プリンパフェ

クリームソーダ

メロンソーダにバニラアイスというシンプルな組み合わせ。創業当時からある定番メニュー。

クリームみつまめ

あっさりとしたあまさの黒みつに、手作りの寒天。果物はキウイ、パイナップル、桃、りんご、さくらんぼ、バナナと6種も。たっぷりのあんこがのったクリームあんみつも人気。

シャンデリア

シャンデリアや照明のほとんどは創業当時からのもの。中には店名のフルール（花）がモチーフになったものも。

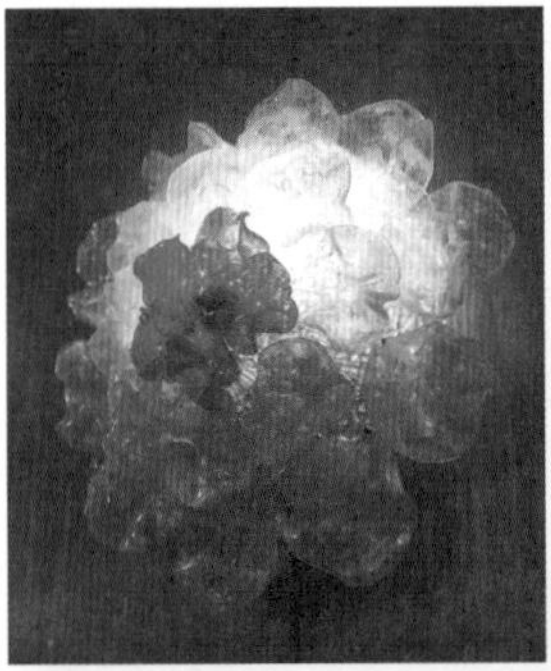

◎喫茶フルール

㊎京都府長岡京市天神1－8－2
㊔10：00～21：00
㊡月（祝日の場合は翌日休み）
☎075－951－6759

ステンドグラス

三角屋根に輝くステンドグラス。店内はどこか教会を思わせる。

店主自らが設計した空間

ヨーロッパ風の店内は、店主の岡本孫三さんが昔訪れたレストランをイメージして考案したもの。高い天井と窓から降り注ぐ光により、神々しくも穏やかな時間が流れる。

イノダコーヒ三条店

レモンアイス

銀の皿に三角のウエハースといったノスタルジックな見た目も心惹かれる。レモンのすっきりとした酸味と程よいあまさがコーヒーによく合う。

口のに広がるレモンの清涼感
「アラビアの真珠」と交互に楽しみたい

「三条へいかなくちゃ　三条堺町のイノダっていうコーヒー屋へね　あの娘に逢いに　なに　好きなコーヒーを少しばかり」と高田渡による「コーヒーブルース」を口ずさみながら、いつもスキップするような気持ちで向かうのは、「イノダコーヒ三条支店」。開店と同時にいつもの席を目指す常連たちですぐいっぱいになる円卓の大きなカウンターと、白いコックコート風制服に和帽子、黒い蝶ネクタイを締めた、清潔感のある正統派のスタイルの店員さんによる気持ちのいい接客が特徴です。

今回お話をうかがったのは、全国へ出荷するケーキを作っている工場を担当する山崎さんと三条支店の厨房を取り仕切る中川さん。思わず迷ってしまう種類豊富なケーキたちですが、特に人気があるのはレモンパイにアップルパイ、ラムロックだそう。銀座で営業されていた「ケテル」というドイツ料

三条支店だけにある店内奥の円形カウンター席。ぐるりと客席が囲み、中でコーヒーを淹れる様子がよく見える。

理屋から引き継いだレシピで作られています。山崎さんが日々おいしいケーキを作るために気を付けていることは、毎日のルーティンワークだからこそ、惰性にならないように「よりよい商品を作ること」だそう。工場に併設しているケーキ工房ケテルでは、お店に並ばない生菓子や焼き菓子を購入することもできます。

そして、数あるコーヒーの中でもイノダの看板メニューといえば、「アラビアの真珠」。あらかじめ砂糖とミルクを入れた状態で提供されるため、初め

ラム酒がしっかり効いたラムロック。

上）アラビアの真珠
下）2〜3人前はありそうなジャンボシュークリーム。

て飲む人は注文を間違えてしまったのかと慌ててしまうかもしれませんが、元々はおしゃべりに夢中になった人たちの冷めたコーヒーでは砂糖が溶けないため、あらかじめ入れておいたという気遣いから生まれたメニューです。熱いうちに大きな角砂糖を2つ、乳脂肪分46％という濃厚なフレッシュを大さじ1杯。もう少しあまみがほしい人のために、ソーサーには小さな角砂糖が別添えされています。ペーパードリップだとさらりとしていてミルク負けしてしまうため、ネルを使用してまろやかさと独特のコクがあるコーヒーを一度に15杯分ずつたっぷりと淹れています。そのときにおたまで熱湯を注ぐのも、イノダならではの光景です。ミルクと砂糖が入っている味が基本であるため、ブラックで飲んだときにあまりさっぱりしすぎているのもよくない、というチェックポイントはこちらならでは。

東京や横浜、札幌と広島にも支店がありますが、京都とは水質が違うため、最初は同じ味を出すのに苦労したそう。「豆のグラム数など、最低限のことは決まっていますが、細かなマニュアルはなく、粉の状態やお湯の温度、淹れる人によっても変わってきます。本当はみんなが同じ味を出せるのがベストなのですが、とてもデリケートなものなので」と、勤続10年を超える中川さんも一定の味を出せるようになるまではひたすら努力の日々だったとか。

40年以上通う人たちも少なくないイノダでは、常連客の注文は全て把握していて、お気に入りの席に座られたらいつものコーヒーをさっと出すそう。「私たちはコーヒーだけを売っているのではなく、空間やスタッフとの会話、もしくは本を読む時間など、ここでの滞在時間にコーヒーを添えてお金をいただいている、という考えを持っています。

ショーケースに並ぶケーキはテイクアウト可。店内入って左手にある物販コーナーには、豆のほかカップやコースターなどもある。

ですので、コーヒーがおいしいのは大前提。あとは、そのときどきの様子を見て、つかず離れずのちょうど良い距離感を保ちながら、他にお客さまがいらっしゃるときはお名前を呼ばないなど、最低限のマナーに気を遣っています。そのバランスが崩れてしまうと来づらくなってしまうでしょうから」と中川さん。どんな肩書きや立場の人であっても、コーヒーを一杯飲む間は何者でもない状態で過ごしたいもの。誰に対しても平等に接する、というイノダの理念が、長い間トップであり続ける秘訣なのかもしれません。

◎イノダコーヒ三条支店

㊡京都府京都市中京区三条通堺町東入ル桝屋町69
㊢10：00～19：00
㊡無休
☎075-223-0171

週末は行列になることも。入口付近には順番待ち用の椅子が用意されている。

コラム❷

マッチコレクション

純喫茶のマッチ箱は映画の半券のようなもので、
持ち帰ることで訪れた瞬間のことをふわりと思い出せる
自分へのお土産となります。
お店にとっては名刺代わりであり、
店名の字体やイラストなどの個性を
楽しむことができる小さな世界がそこにつまっています。

マリ亜ンヌ

コーヒーを連想させる茶色のデザイン。表面には店名「やましなコーヒープラザ　マリ亜ンヌ」の文字。裏面には奥田家の家紋が印刷されている。

喫茶キャメル

砂漠を行くラクダとその奥に配されたピラミッド。店名など文字が入っていない潔いデザイン。裏面もシンプルに「CAMEL」の文字だけ。

喫茶リゲル

先代のマスターが恒星リゲルを含んだオリオン座をデザイン。実際の色である鮮やかな青の地色に、表面と裏面にまたがる黄色い星々が印象的。

喫茶チロル

イラストレーターである先代の妹・大塚律子さんによるデザイン。「TYROL」のTとYが顔になっている。細長い形もかわいらしい。

珈琲の店　雲仙

デザインの原案は初代によるもの。表面の茶色と裏面の白のコントラストが美しい。裏面にはシンプルな線と「UNZEN」の文字。

ラ・ヴァチュール

店名の「ラ・ヴァチュール」（乳母車）を押す少女像が描かれた折り畳み式のマッチ。コースターにもスケッチ風の乳母車のイラストが。

スマート珈琲店

テーブルでコーヒーを飲む男女がモチーフとなっている。店内には色や形、デザインが微妙に異なる歴代のマッチが額縁に入れて飾られている。

祇園喫茶カトレヤ

茶の地色に「***Cattleya***」の白抜き文字が映える。折り畳み式で、えんじ色の火薬部分がデザインのアクセントになっている。

六曜社地下店

1970年代に配られていたマッチの復刻版。デザインは芸術家で京都市立芸術大学名誉教授でもあった関根勢之助氏によるものと最近判明した。

花の木

開いたマッチ全面に描かれた線画のイラストは黒田アキ氏によるもの。コーヒーやお店の内装同様、マッチのデザインも1966年の創業当時のまま。

築地

茶系のノスタルジックなデザイン。表面はロシアの湯沸かし器・サモワールと味のある手描き文字。裏面はローマ字で店名と住所が描いてある。

＊現在は入手困難なものもあります。

ホットケーキ／トースト／パン

雲仙

待ち時間さえも愛しい
こだわりのふわふわホットケーキ

四条駅から少し歩いた静かな通りに、日曜日と祝日だけ明かりがともる喫茶店があることをご存じでしょうか？以前からその存在は知っていて、何度か店の前まで行ってみるも営業している様子は見られず、ドアノブを回してみる勇気もなく、ガラスの向こう側をこっそりのぞいて誰もいないことを確認しては来た道を引き返す……。そんなことを数回繰り返して、初めて訪れることができたのは、この本の取材がきっかけでした。

九州に位置する土地の名前を店名にしたのは、初代の出身地が佐賀だったことにちなんで。昭和10年創業、かつてはお店の前を市電が走っていたと教えてくださったのは三代目の高木利典さん。高木さんは会社員として一般企業に勤めながら、お休みの日だけ店を開けています。営業時間は朝の7時から午後4時まで。二代目だったお母様

ホットケーキ

セルクルを使って丁寧に焼き上げられるホットケーキ。生地には国産小麦を使用。新メニューながらこれを目当てに訪れる客も多い。

スパイスにさんしょうやしょうがを使った和風のドライカレー。

が数年前に体調を崩してしまったため、現在のような営業形態で継ぐこととなりました。

たまごサンド、ピラフ、クリームソーダ……。数あるメニューの中でも特に人気なのは、ホットケーキ。近隣のみならず、遠方からもやってくる多くの人たちが注文するホットケーキは、2019年春にメニューに名を連ねたばかり。銅板に置いたセルクルにこだわりの材料で作った生地を流し込んで片面15分、裏返して5分。焼きあがったら、「THANK YOU FOR YOUR KINDNESS」と、古いレジにも刻まれている言葉を刻印して完成。2枚で5センチ以上はありそうな、分厚くてふわふわの絶品ホットケーキ。お客様に提供できるようになるまで、東京で何軒もの気になるお店を食べ歩いて研究したそう。しっとりの秘密はある経験か

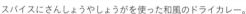

夏目雅子氏が撮影で利用したという店内奥のこぢんまりとしたスペース。

らヒントを得た隠し味の落花生油。「特にホットケーキが好きだったわけでもないんですけど、やっぱり定番メニューでしょう。ゆくゆくは、あんも自家製にして添えられたら」と、夢の広がるお話。

BGMとして、昔はラジオを流していたそうですが、現在は音楽がお好きな高木さんの趣味で、山下達郎や金延幸子など日本の良質な歌が耳に滑り込みます。映画「南極物語」のロケ地となり、大女優・夏目雅子氏も来店されたという店内の奥は、かつて防空壕だったそう。テレビなどにも取り上げられるほど素敵なデザインの床が、当時のまま残っています。数少ない営業日にもかかわらずコーヒーチケットが多数つるされていることから、ここを愛する人たちが多くいて、開店の朝7時をみんなが待ち焦がれているのがよく分かります。

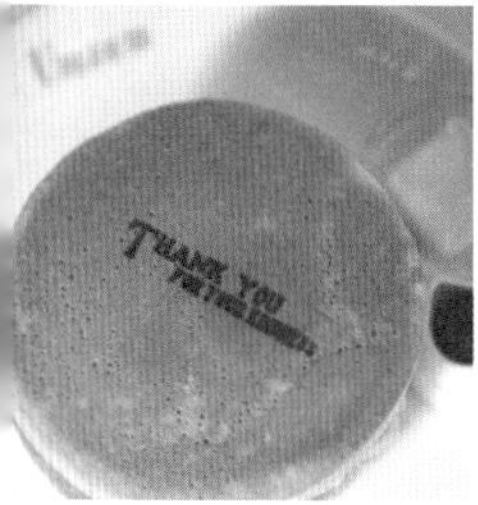

ほの暗い店内を琥珀色の照明がやさしく照らす。革張りの二人掛けソファは特注品。

初代だったおじいさまは若くして亡くなり、その後100歳まで長生きされたおばあさまとお母さまが継ぎ、会社が定年となって退職されたお父さまもお店に立ちましたが、コーヒーの焙煎について知っているのは初代とお母さま、三代目となる高木さんだけだそう。今も店の一角で焙煎作業はおこなわれ、その香ばしい匂いに通りを行く人たちも思わず足を止めるほど。コーヒー豆は100グラム、600円でお持ち帰りも可能

カウンター内でほほ笑む三代目の高木さん。

です。実際に訪れてその雰囲気を堪能した後には、ぜひ自分へのお土産に1袋いかがでしょうか。淹れ立ての一杯ももちろんおいしいですが、水出しにして楽しむのも爽やかな後味で最高です。

　二足のわらじはとても骨の折れることだと思いますが、雲仙の扉を開けることで笑顔になれる人たちのために、これからもお体には気をつけながらずっと続けていってほしいと願うのです。

◎珈琲の店 雲仙

㈷京都府京都市下京区
西洞院綾小路下ル
㈼7：00～16：00
㈭月～金（土曜はたまに営業。お店のフェイスブック、ツイッターで確認を）
☎075-351-5479

進々堂

さくさくパンケーキ２枚とミルクコーヒー
木のプレートで運ばれてくるパンケーキセット

パンの消費量が日本一とされる京都。街中を歩いているとおいしそうなパン屋さんをよく見かけます。その中でも、大正２年創業のベーカリーショップ「進々堂」は京都駅前にもあるため、旅行で訪れた方たちも目にしたことがあるのではないでしょうか。

「進々堂は曽祖父が始めて最初はパン屋だけだったのですが、１９３０年に工場から仕入れたパンを提供する喫茶室としてオープンしたのがこちらです。曽祖父がパンの修業のために渡ったフランスで出会ったパリのカルチエ・ラタンのカフェをイメージして作ったそうです。現在、店の経営は別ですが、パンは今でも進々堂の工場から仕入れていますよ」と、にこやかに教えてくださったのは、現在四代目としてこの場所を守る川口聡さん。

まもなく創業１００年に届こうとする長い年月の間、京都大学の教授や学

進々堂パンケーキセット

ドリンクはコーヒーか紅茶が選べる。生地はバターナイフで切れるほどの柔らかさながら、外側はカリカリに焼き上げられ香ばしい。

生たちのサロンとして、京都の喫茶店文化を担ってきました。特筆すべきところは多数ありますが、人間国宝の木漆工芸家・黒田辰秋氏の作品であるテーブルと長椅子の存在感が目を引きます。黒田氏の作品は丁重に扱われ、大切に保管されていることが多いため、気軽に座ってよいものか躊躇してしまいそうですが、黒田氏いわく「２００年はもつ。どんどん使ってくれたほうが僕もうれしい」という想いで作られたということ。訪れる人たちの中には、作品の由来を知らない人も多いかもしれません。10年以上前、私も初めてこちらを訪れたときにはそのことを知らず、それでも座り心地のいい椅子と安心感のあるどっしりしたテーブルのおかげで進々堂をいっぺんに好きになったことを覚えています。

どこか図書館のようで閑静な雰囲

黒田辰秋氏が手がけた長テーブルと長椅子が並ぶ店内。

気の店内にはBGMがありません。二代目のときに一度スピーカーを置いて音楽を流していたこともあったそうですが、お客さんから「勉強の邪魔になるから」と指摘を受けてすぐに撤去されたのだそう。他ではなかなか味わうことのできない、この進々堂ならではの雰囲気はいったいどのようにして育まれていったのでしょうか？

「曽祖父の持つ店に対するイメージが初めからはっきりしていたので、すでに完成している空気感を守っていくことが大切だと思っています。建物は年数がたてばどうしても修繕が必要になりますが、元通りにするだけで新しく変えることはしていません。ずっと昔から来てくださる方がいるので、下手に手を加えると『変わったな』となってしまうので」と、老舗を守り続ける苦労は計り知れま

せんが、前向きな言葉をうかがうことができてほっとします。変わらないでいるために、手を入れて状態を保ち続けていくことは、時と場合によって一から作り直すよりもずっと大変なことではないでしょうか。

川口さんの言葉からは、お店を営む人たち、訪れる人たち、それぞれの立場から進々堂を愛する人たちがそっと静かに、そして熱い熱を持ってこの空間を守っていることを実感します。そして、そんな経緯で今にいたっていることを思うと、いつでも胸がいっぱいになってしまうのです。

◎進々堂 京大北門前

㈶京都府京都市左京区
北白川追分町88
㊢8：00～18：00
（L.O.17：45）
㊡火
☎075-701-4121

喫茶室に隣接する部屋（2020年10月時点では閉鎖中）の中央にあるショーケース。タイル張りの柱や床のタイルなど当時のままの内装を今に残す。

11月ぐらいから春先にかけて、旬のときだけ味わえるいちごサンド。大ぶりのいちごがたっぷりの生クリームとふわふわのパンに挟まれている。

【進々堂 京大北門前】

いちごサンド

ジャムトースト

厚めにカットされたパンにシンプルにいちごジャムだけが塗ってある。バターを加えたバタージャムトーストもあり。

チロル

こんがり焼かれたトーストに鮮やかなジャム
喫茶店の定番メニュー

近くまで来ると、おいしそうなカレーの香りがふわりと漂う「チロル」。はじめて訪れたのは、もう10年以上も前のことです。当時、二条駅近くに暮らしていた友人の大好きなお店で、一度連れてきてもらったことがきっかけとなり、その後一人でも寄るようになりました。

現在もお店のアイドル的存在でいらっしゃる「おかあさん」。初代にあたる旦那さまはサラリーマンをされていましたが、ある事情で会社が倒産してしまったことにより、チロルの歴史は始まりました。「この辺りは商業地域でもないし、飲食店が何もなかった。『喫茶店が一番いいですよ』と周りにすすめられたけど、当時の喫茶店のイメージが"男女のあいびきの場所"だったからか、家族からは反対されて(笑)。でもお父さんは、『店内の壁を全部窓ガラスにして、外からも中からも見えるようにして、誰でもコーヒーを飲みながら新聞を読んでおしゃべりできる、

木の質感とぬくもりを感じる店内は、初代が登山好きだったことから、山小屋をイメージして作られた。

そういう店を造るから』って皆を説得したんです」。店舗は、お店のために新しく建てたものではなく、もともと家族が暮らしていた長屋を改装したものだそう。右も左も分からない状態から現在にいたるまでたくさんの人たちでにぎわっている理由は、初代のお人柄が大きかったよう。「お父さんは真面目な人間だったから、誰かが教えてくれたことを信じて、実直に何十年もやり続けてました。そのやり方でしかできなくなってしまうくらい（笑）」。おかあさんのエピソードからは、基本に忠実にやってきたからこその五十数年があるのだと感じました。

お客さんには近隣の人たちが多いとのことですが、ここ数年はさまざまな客層に変わったそうです。すでに生活の一部となっていて、毎日同じ時間に来て同じモーニングを食べる常連さん、何十年かぶりに扉を開けて元気なおか

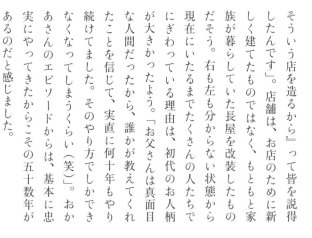

よく使い込まれた小さめのテーブルと椅子。

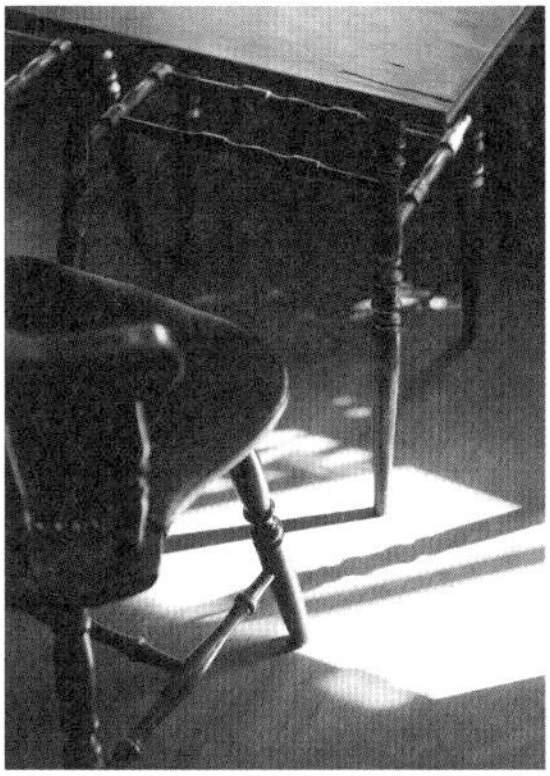

あさんの姿を見つけ、昔話で盛り上がる人、遠くからやってきて写真を撮っては「かわいい!」と喜ぶ女性たち、近くの宿に泊まっていてモーニングを食べにやってくる外国人観光客たち。

にこにこと穏やかな雰囲気で聞き上手のおかあさんは、常連さんにもはじめての人にも平等に接してくださるため、皆が居心地の良い時間を過ごして笑顔で出ていくのでしょう。「若い人たちの食べるメニューがないから」と、数年前には近隣の洋菓子店と提携しておいしいケーキもメニューに加わりました。二代目の秋岡誠さんはプリンが大好きということで、メニューが増える日も近そうです。あまいものとしては、昔からあるジャムトーストが人気で、こんがり焼かれた分厚いトーストは喫茶店の醍醐味です。また、日に200人前を作り、御池通を香りが駆け抜けるといわれているカレーライスも、こち

二代目の秋岡さんとおかあさん。

らの大人気メニュー。

朝6時半に開店しますが、5分後には満席となってしまうことも。「サラリーマンや出社する前の人たちが寄ってくださることが多いので、ここでだけでもため息をつけるような場所としてサポートしたい」と誠さん。先代の哲学だったという「生きていけたらいい」「人に迷惑かけなかったらいい」を守り続けるのみならず、いつも同じ場所で変わらずに人々を迎え入れることによって、「今日もがんばろう」と訪れる人たちの活力をやさしく守っているのです。

◎**喫茶チロル**

㋜京都府京都市中京区
御池通大宮西入ル門前町539-3
㋞6：30～16：30（L.O.）
㋫日・祝日
☎075-821-3031（予約不可）

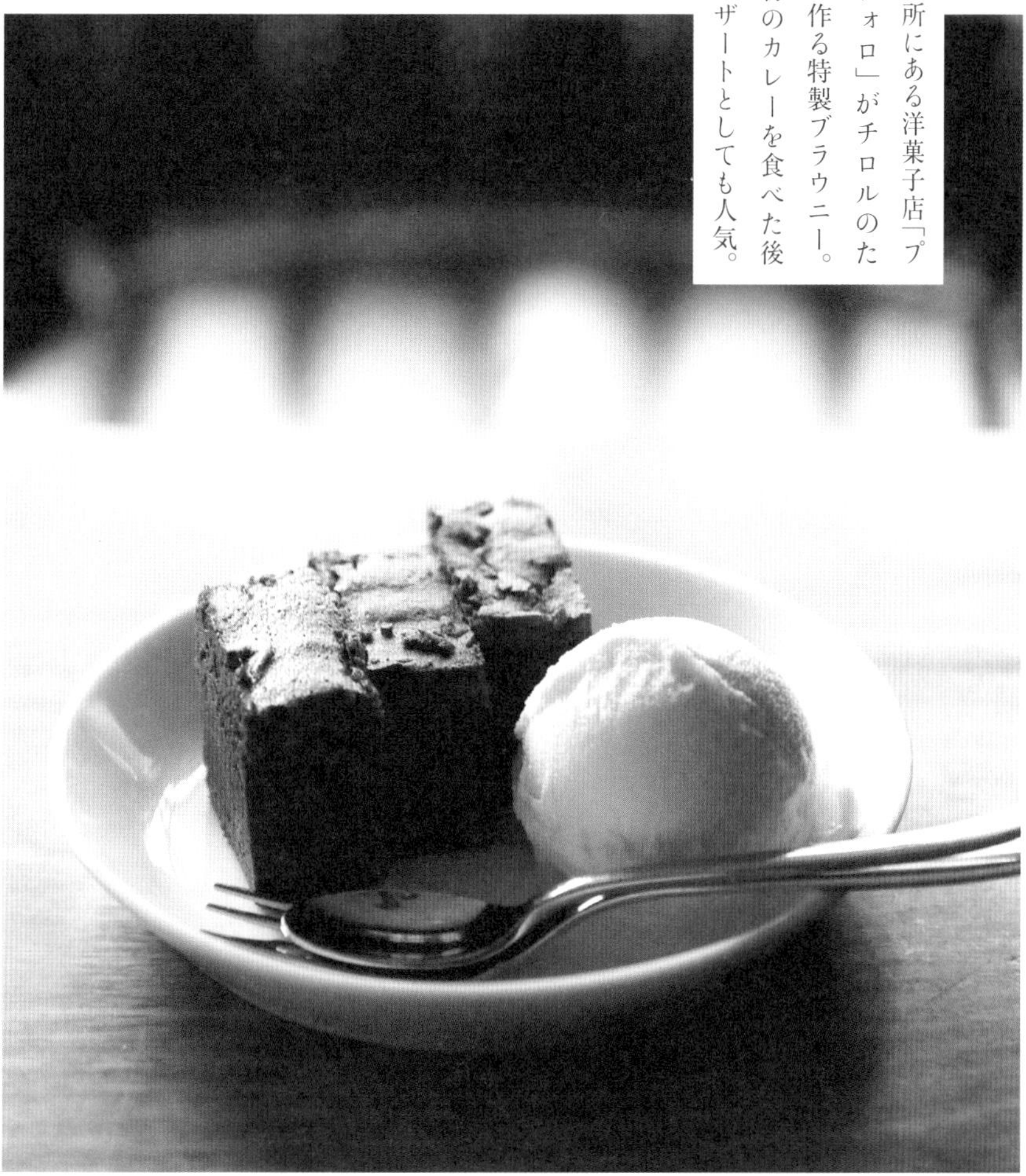

近所にある洋菓子店「プチフォロ」がチロルのために作る特製ブラウニー。名物のカレーを食べた後のデザートとしても人気。

ブラウニーのバニラアイス添え

六曜社珈琲店

マーマレードのあまみとチーズの塩けが好相性
老舗喫茶店で味わうあまいもの

河原町三条にある「六曜社」の名は、喫茶店やコーヒーを愛する人ならば一度は耳にしたことがあるのではないでしょうか？　純喫茶に夢中になり始めた初期の頃、こちらを訪れるために京都へ向かうことがしばしばあったほど好きなお店です。その当時、頻繁に訪れていたのは地下店でしたが、最近は1階へも足を運ぶようになりました。それは、地下店のマスター奥野修さんのご子息、薫平さんがおじいさま亡き後に、継がれたことも理由の一つです。

東山でご自分のお店「喫茶ｆｅカフェっさ」を営んでいた薫平さんが、実家でもある六曜社を継いだのは2013年8月のこと。とはいえ、そのことは元々決まっていたわけでありませんでした。ある日、たまたま前田珈琲明倫店（P110）の求人広告を目にして、「斬新なものと古いものがちゃんと融合している感じがすごくいい」と

チーズトースト（マーマレードのせ）

チーズトーストにプラス50円で
マーマレードをトッピングした
マーマレードチーズトースト。

昼間でも落ちついた明るさの店内。木の温もりを感じるダークブラウンを基調としたインテリア。低めのソファは座り心地が良く、つい長居したくなる。

心を打たれたことから、ここで働きたいと思ったと薫平さんは話します。「前田珈琲の現会長にあたる創業者から、仕事に対する姿勢や続けていくことに対して学べたのが全ての始まりでした」。ただ、どんどん大きく成長していく会社の中にいると、自分の目の届かないところでいろんなことが動いているようにも感じてしまい、「面と向かってお客様と接したい」という気持ちが強くなった頃、7年半在籍した前田珈琲を退職し、「喫茶ｆｅカフェっさ」を開くことに。「『六曜社の息子や』みたいにいわれることが居心地の良いことではなくて。純粋に自分が好きだから、父と比べてほしくなかったんです」と葛藤された日々も。地下店の修さん、1階の薫平さん。二人に血の繋がりはあっても、実際に過ごしてみると、それぞれ個性のある全く違ったお店であることが分かります。双方には共通して感じる心地良さもあるため、どちらに行っても安

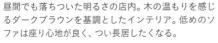

名物の自家製ドーナツは12時以降オーダーできる。

心な最強の組み合わせなのです。

現在はＳＮＳの普及によって、さまざまな情報が簡単に手に入る世の中ですが、かつて何かを知りたいときの主な媒体は雑誌でした。それを見ながら出掛けて「こんな路地に入るのか」というドキドキ感や、例え迷子になってしまったとしても、その後に目的の場所を見つけられたときの喜びがありました。今は寄り道を楽しむことが少し減ってしまっているような気もします。六曜社の在り方についても、「河原町に買い物に来て『今日はどこへ行こう？』と思った人がぱっと思いつく場所であってほしい。喫茶店で過ごすことは人によって特別な時間になりますが、それは付加価値の問題で、目指す立ち位置や存在意義というのは“日常にあること”だと思っています。その人の生活にどれだけ小さな幸せを運べるかだと思うので」と願っているそうです。

喫茶店という場所が魅力的なのは、単な

コーヒーはオリジナルブレンド。ネルドリップで淹れられる。

る職業の一つではなく、営んでいる人たちの生き様を感じるから。今までもそう感じてきましたが、薫平さんが強く語って下さった「fashionではなくpassionなんですよ。情熱的な部分をどれだけ自分で生み出してきたか、というのがすごく重要」という台詞にはっと目が覚めるようでした。

たくさんのお話をうかがった中でも特に印象に残ったのは、「六曜社の100年目」について。2020年が70周年なので、まだ少し先の30年後の話です。「単純に今100年続いている喫茶店が京都にはないんです。だからこそそこを目指しますが、極端な話、自分の代を最後に六曜社がなくなってしまってもいいかなと思っています。自分が店に立っている間は守っていくぞとは思うんですけど、六曜社が形として残っていることが大事なのか、それとも自分がやってきたということが価値として残っていくべきなのか。僕は

クレムカフェオレ

まだ37歳なのでその境地にはないんですけど、長く続いている店が終わってしまうことってあるでしょう？　それを惜しむ人たちがいることを知るのは羨ましいなって思って。悲しむ人がいるということは、それだけいい場所だったんだっていう事実を閉じてから初めて知ることができるので」。訪れる側の勝手な気持ちとしては、好きなお店にはいつまでも続いていってほしいと願うのですが、続けていく側の視点からの考えを聞いたことによって今まで以上に六曜社への愛が深まるような気がするのです。

◎六曜社珈琲店（1階）

㊖京都府京都市中京区
河原町三条下ル大黒町40
㊔8：30～22：30
（L.O.22：00）
㊡水
☎075-241-3026

柳月堂

1階のベーカリーでパンを買い、
2階の雑談室でコーヒーとともに楽しむ

パンとコーヒー

1階ベーカリーで購入したアーモンドチョコクロワッサンとクリームチーズ入りくるみパンに、2階でオーダーしたホットコーヒー。

1階が柳月堂ベーカリーショップ。2階喫茶室入口には、パンを入れるお皿やお手拭きなどの用意もある。

大きなシュークリームとアイスミルクグリーンティー。

バーカウンター

2階は会話ができる雑談室（バーカウンターと大部屋）と、
クラシックが流れるリスニングルームに分かれている。

雑談室

雑談できるスペースには、大人数でも利用可能な大部屋がある。

照明
コレクション

◎名曲喫茶 柳月堂

㊫京都府京都市左京区
田中下柳町5－1
㊚10：00～21：00
（L.O.20：30）
㊡無休
☎075－781－5162

リスニング専用ルームでクラシックを楽しむ

グランドピアノが鎮座する私語厳禁のリスニングルーム。ここへはミュージックチャージ600円が必要。レコードのリクエストもできる。

Smart COFFEE

まずはそのまま、次に砂糖、最後はシロップ
三度楽しめるフレンチトースト

１９３２年創業、まもなく90周年を迎える「スマート珈琲店」は、寺町通商店街の中にあって、常にお客さんが行列をなしています。太秦撮影所での仕事を終えた後に寄りやすいためか、美空ひばり氏をはじめとした昭和のスターたちからも愛されていました。「寺町通は東京でいう銀座みたいににぎわっていたそうです。ここも元々はレストランで、現在とは内装も全く違って、男性は着物にハット帽を召して、ランチに日本酒を楽しむような店でした。当時から、ホットケーキや自家焙煎コーヒーはあったそうです。ホットケーキは、私の祖母が試行錯誤して完成させたレシピを引き継いでいます。使っているはかりもね、グラムではなくてもんめの目盛で（笑）」と、三代目を務める元木章さんが教えて下さいました。

　数あるメニューの中でも特に人気なのは、ホットケーキ、フレンチトー

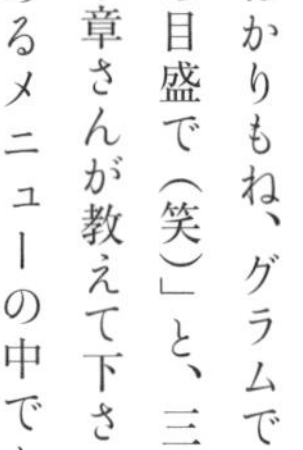

フレンチトースト

たっぷりの油で揚げるように焼き、中まで火が通りすぎないよう丁寧に作られるフレンチトースト。コーヒーシュガーのしゃりっとした食感もいい。

スト、タマゴサンドウィッチ、そして自家製プリン。週末には200～300枚もの注文が入るホットケーキは、スタッフの中でも数名しか焼くことができないそう。それは、働いた年数によって選別されるのではなく、素質を見て任されるそうですが、人によって得意なことはそれぞれ。「調理でも接客でも適材適所があるから」とは、元木さんのお言葉。

　フレンチトーストも60年ほど前からあるメニュー。お客さんから「こういう食べ物があるから作って」といわれて、元木さんのおばあさまとお母さまがあれこれ考えながら作ったそう。最初はフレンチトーストをお皿に乗せて提供し、テーブルの上に置かれているコーヒーシュガーを好みでかけてもらうようにしていましたが、ある日「フ

自家製プリン

ホットケーキ

レンチトーストにもホットケーキのシロップをつけてほしい」という声があり試してみたところ、とてもおいしかったので、常につけるようになったそうです。まずはそのまま、次に砂糖をかけて、最後にシロップをかけて、と三度違った味わいが楽しめます。ブラック、砂糖入り、ミルク入り、とコーヒーも同じ楽しみ方ができます。

どんなに混雑しているときでも、店内の雰囲気がぎすぎすしていると感じたことは今までに一度もありません。スタッフの方々は、いつも控えめな笑みを浮かべて、かゆいところに手が届くような接客をしてくださるので、働いている人たちはこの場所がとても好きなのだろうと感じます。そのため訪れた人たちも、ゆったりと過ごせると感じてリラックスするため、

三代目の元木さん。

ますます居心地の良い場所となっているのでしょう。「初代は創る。二代目は守る。そして三代目の僕は、磨きをかける。まずはきちんとした品質のものを出すことが一番です。次の代にきれいに磨いたバトンを渡す必要があるから。おいしいコーヒーというよりかは店名の通り『スマートなコーヒー』を守っていきたいですね」。

いつまでも変わらない味と思う人々の味覚も、10年20年たてば変わっていくもの。それに合わせて変わらないと思ってもらうために、あえて変わっていくのはとても大変ですが、重要なことではないでしょうか。新しい風を取り入れようとすると反発も生まれますが、だ

いたいの出来事は時間によってなじんでいくもの。
自分が喫茶店という場所をなぜ好きなのか、と考えたときに浮かぶさまざまなことがすべて言語化されたような貴重な時間でした。おいしいコーヒー、あまいもの。長く愛されているお店にはそれだけではない魅力が、層のように積み重なっているのでした。

◎スマート珈琲店

㊫京都府京都市中京区
寺町通三条上ル天性寺前町537
㊥［喫茶］8：00〜19：00
［ランチ］11：00〜14：30（L.O.）
㊡［喫茶］無休［ランチ］火
☎075-231-6547（予約不可）

ランチの営業は2階。シェフは元木さんのお兄さま。オムライスやハヤシライスなど、本格的な洋食が「毎日食べに来てほしい」という思いから手頃な価格で提供される。

食パンをバターで揚げ焼きに
昔ながらのフレンチトースト

昔ながらの
フレンチトースト

懐かしい給食の揚げパンを連想させるようなフレンチトースト。外側はカリカリと香ばしく中はふわふわ。見た目のボリュームに反して軽い口当たり。

前田珈琲
マエダコーヒー

二条城の中にある落ち着いた茶房や、「高台寺御用達」との称号を授けられた町家喫茶風、旧日本銀行京都支店金庫室を再利用した分厚い扉が印象的な店舗。他にもホテルや京都国際マンガミュージアムなどに併設されている「前田珈琲」。

その歴史は、1971年に始まりました。「コーヒーを通じて全ての人に感動と喜びと幸せを」という企業理念のもと、現会長を務める前田隆弘氏がイノダコーヒで修業をされた後に創業。京都の中心地、烏丸にある室町本店は、元呉服屋だったという建物を利用した100席を有する大型店です。ドイツ・プロバット社の機械を使って毎日焙煎が行われているため、常にできたてのコーヒーを楽しめるのです。京都市内に数ある店舗の中で、私が初めて訪れたのは2000年に開店した明倫店でした。お店は、1993年に京都芸術センターとして生まれ変わった旧明倫小学校の教室の一室。歩くときしき

伽羅

し音が鳴る木造の床や重厚な手摺りのある広い階段。喫茶室の中には小さなオルガンが置かれて壁に掛けられた柱時計などが残っており、思わず懐かしい気持ちになるノスタルジックな空間です。

今では古民家を再利用したお店は多く見られるようになりましたが、当時はまだ少なく、価値のある建物を壊すのではなく、生かしながら新たに利用しようという考えに感動したものです。明倫店は二代目である現社長の前田剛氏の意向でこちらに開かれたそう。ビジネス街である地域柄、昼時になると近隣で働く人たちでにぎわい、ナポリタンやサンドイッチなど喫茶店らしいおいしそうな食事たちで各テーブルの上が華やかになります。

豊富なメニューの中でもぜひ召し上がってほしいのは、それぞれパンの種類も違う2つのフレンチトースト。それ

高い天井と、歩くと音を立てる床、掛け時計など、古き良き木造校舎の雰囲気が残る（取材時）。2020年10月、お店のリニューアルに伴い内装も変更された。

に合わせたいのは、創業当時から受け継がれている「龍之助」という名前のブレンドコーヒー。煎りが浅いため、食後でも重たい印象がなく、まるでお茶のようにごくごくと飲めるコーヒーです。また、コクがあってまるでワインのような、あまく広がる香りを感じさせる「弁慶」もおすすめ。飲むときには、カップに印字されたロゴにも注目を。一見すると難しい漢字のようですが、よく見るとローマ字で「maEdA」と書かれている秀逸なデザイン。

お話をうかがった店長の高橋さんと広報の大宮さんにおいしいコーヒーを淹れるためのポイントを尋ねてみると「淹れるときはいつも集中して『今日もいい匂い！　おいしくなーれ』と思いながらやっていますね」と終始にこにこと笑顔で話してくださり、ご自身たちも前田珈琲のファンでいらっしゃることがよく伝わってきます。研修でもマニュ

右）メニューに「AIMI（アイミ）」と明記されているアイスミルクティー。
左）人気のカスクートパンを卵液に浸して焼き上げたフレンチトースト。

天気が良い日にはテラス席も利用できる。

アルだけに頼らず、あくまでもその場でのお客様とのやり取りを大切にするという教えを受けるそう。その気遣いは一度訪れたなら節々で感じることができるのです。

古き良き伝統や歴史を大切に守りつつも進化し続けている京都。いろいろな土地で展開するチャレンジ精神と同時に、温故知新の心を大事にしている印象を受けた前田珈琲。遠くない未来に「宇宙初の喫茶店」という見出しのニュースを目にするのなら、そこには「前田珈琲」の名前があるのかもしれない、と空想するのでした。

◎前田珈琲明倫店

㊢京都府京都市中京区
室町通蛸薬師下ル
山伏山町546-2
京都芸術センター内１F
㊋10：00～20：00
（L.O.19：30）
㊡京都芸術センター休館日に準じる
☎075-221-2224

前田珈琲のバラエティ豊かなお店たち

高台寺店

秀吉・ねねにゆかりのある高台寺門前に位置する。町家喫茶の風情。

京博店

京都国立博物館内にあり、ガラス張りの店内からレンガ建築を愛でることも。

茶房前田

世界文化遺産・二条城内にある茶室「和楽庵」に店を構える。庭園も美しい。

文博店

旧日本銀行京都支店の金庫室を利用した店舗。分厚い扉が当時を思わせる。

京都国際マンガミュージアム店

壁にはマンガ家直筆のイラストやサインが。屋外デッキや別館でもコーヒーなどが楽しめる。

コラム③

喫茶空間に華を添える芸術作品

芸術作品を鑑賞できるのも純喫茶の魅力の一つ。
空間にしつらえられた
絵画、彫刻、ステンドグラスが
そこで過ごす時間をより豊かにしてくれます。

リスニングルームにある、バラの花をモチーフにしたステンドグラス。

柳月堂／ステンドグラス

ラテン／象牙彫刻

店主の実家が象牙を扱うお店だったことから、当時の商品だった象牙の女性像や胸像などが並ぶ。

ソワレ／東郷青児の絵画

店内には画伯・東郷青児氏がお店のために描いた美人画が飾られている。イラストはコーヒーカップなどに使われており、ポストカードとしても販売されている。

築地／絵画

昭和初期、創業者である原田さんのおじいさまがコレクションしたという絵画が今も飾られている。

喫茶 茶の間／写真

ラグビーの元日本代表で、京都市立伏見工業高校の伝説の教師・山口良治さんのコレクション、コロマンデル（ニュージーランド）の写真。

ケーキ

ぎおん石

クラシックが流れるモダンな空間でいただく
自家製宇治抹茶を使ったチーズケーキ

常に観光客であふれる京都の街で、喧騒を逃れて静かに過ごすことのできる「誰にも教えたくない、けれど誰かを連れていきたくなる」喫茶店をご存じでしょうか？　それは祇園の真ん中にある「ぎおん石 喫茶室」。こちらと出会えてからは、この場所でひと休みすることが京都旅行の楽しみの一つになったほどでした。

喫茶室の入っているビルは船をイメージして造られたそうで、近くからだと全貌が見えませんが、八坂神社のあたりまで離れて眺めるとそのことがよく分かります。1階と2階、そして魚や海底をイメージしたオブジェがある3階までは船室を、八坂神社西楼門や東山を一望できる見晴らしのよい4階は甲板を模しているとのことです。喫茶室へ行くためには、1階の店舗を通り抜けてエレベーターか階段で上がらないと到達できないため、事前情報なし

宇治抹茶チーズケーキ

自社茶畑で栽培した茶葉を使用。抹茶の風味が濃厚で、苦味もしっかり感じられる。

船底を思わせるあめ色のヒノキ板で覆われた天井。壁からは球体の照明が突き出す。

にふらりと訪れることはなかなか難しいのですが、一度足を踏み入れた人たちはうっとりするほど美しい空間を目指して何度もやってきます。私もその一人でした。

店内は、壁から平行に伸びているシャボン玉みたいで大きな照明、高度な技術で加工された高い木の板が連なった天井、革張りで低めのソファなど、ずっとそのままであってほしいインテリアの集合体です。数年前に一度改装するという話を聞いて少し不安もありましたが、再度訪れて確認したところ、変わらないまま きれいになっていたので心からほっとしたものです。

店長は阪下誠さん。お店の存在を一度知ってしまえば誰もが夢中になってしまう空間ですが、まだまだ若い人たちが訪れる回数は少ないようで、阪下さんはSNSを

建築を手掛けたのは三澤博章氏。店内には野崎一良氏による彫刻が飾られている。

駆使した宣伝や新しいメニューの考案も行うことで、今までとは違った客層を呼び込む努力もされています。「旅先では時間がないから仕方がないのですけど、ゆっくり座って過ごしてもらえるような時間を提供できたら」。そう阪下さんがおっしゃるように、かつては何かを飲食するためには店内に入ることが通常でした。しかし、大手コーヒーチェーン店をはじめとするテイクアウトが一般的となって選択肢が増え、時間軸も変わってしまった現在。観光地でのんびりと過ごすことがかえって難しいのかもしれません。どちらが正しいということはもちろんないのですが、いったん昔ながらの喫茶店でくつろぐあまい誘惑を知ってしまったら、その時間の虜になってしまうでしょう。

ブルーベリーのクリームソーダ

春は桜、秋は紅葉。一年中いつ訪れてもにぎやかな祇園ですが、喫茶室の大きな窓からは光が差し込んで明るいものの、先ほどまでのざわめきが嘘のように静かです。聞こえてくるのは流れるクラシックと人々の会話だけ。耳と足、そして心を休める空間へ、しばし逃避してみるのはいかがでしょうか。

ブレンドコーヒー

レモンゼリー

◎ぎおん石 喫茶室

㊒京都府京都市東山区
祇園町南側555
㊖12：00〜18：30
（L.O.18：00）
㊡水
☎075-561-2458

唐傘付きの季節の抹茶パフェ

海外からの観光客も多いため、メニューには京都らしい和の素材を取り入れている。特に注文してほしいのは抹茶を使ったあまいものたち。パフェに入っている抹茶ブラウニーや抹茶ソースは、自社で所有している宇治の抹茶畑で採れたものを加工しているというこだわり。

季節の抹茶パフェ。アイスはバニラ、抹茶、ストロベリーの3種。抹茶ブラウニーや求肥に小倉あん、仕上げは抹茶ソースと和のおいしさが詰まっている。

りんごとくるみのケーキ

しっとりしたパウンドケーキの上にキャラメリゼされたくるみがたっぷり。

JAZZ-SPOT YAMATOYA

良質なジャズを聴きながら
トラジャコーヒーとケーキを堪能する

「ジャズ喫茶」と聞くと少し身構えてしまうのは、まだ若かった頃にそこでのルールを知らないまま訪れた老舗喫茶店で、どのように過ごしたらよいか分からず緊張した思い出があるから。年齢と経験を重ねて、その場所に適した振る舞いをなんとなくできるようにはなってきたものの、もしあの頃の私と同じような思いを抱えている方がいらしたらぜひ足を運んでほしいジャズ喫茶があります。

その名前はずっと頭の中にありながらも所在地を知ったのは、他のお店の取材が終わってタクシーで移動しているときでした。走行中、窓の外をぼんやりと眺めていたら記憶にある「YAMATOYA」という文字が視界に。瞬時に、あのお店のことだ、と理解してすぐに車を降り、そのまま扉を開けたのです。

現在も店に立つ創業者の熊代忠文さ

壁一面の棚にレコードが並ぶ店内。花柄の壁紙は英国人デザイナー、ウィリアム・モリスのひなぎく。

ん・東洋子さん夫妻がお店を開いたのは1970年春ですが、一度全て取り壊して2013年にリニューアルオープンされています。当時は1階と2階で営業していて、多くのジャズ喫茶のルールと同じく「私語厳禁」でしたが、東京の有名店、DIGとDUGに行かれたときに影響を受けて会話を解禁。リニューアル後に現在のような1階のみでの営業形態となったそうです。

店内奥の壁には、レコードがぎっしり詰まった棚が並んでいて圧巻の眺めです。ここだけで5000枚以上もあるそう。興味深かったのが、熊代さんは毎月10～15枚ほど新しいレコードを買って、あまりかけないものをお客さんや知り合いにあげてしまうということ。好みやその作品の価値が分かっている

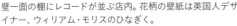

船のような形のせんべいに生クリームと3種のラムレーズンがのったオリジナルスイーツ、高瀬舟。

人たちだからこそ譲り、レコードの入れ替えをしているそうです。柔らかな音質でセンスの良いレコードが次々に流れるため、詳しい知識はなくとも自然に体が乗ってしまいます。リクエストも受け付けているそうですが、そうではない時間帯はピアノトリオやオーケストラ、スウィングにモダンと、同じような雰囲気の曲が続かないよう山と谷を意識して選曲されています。

20代の頃からジャズに親しみ、とても造詣が深い熊代さんですが、開店してまもない頃にお客さまから発された言葉がきっかけでジャズ好きが加速したそうです。「当時は、昔からある定番を中心にかけていたんですけど、あるとき『YAMATOYAはスタンダードなジャズしか流れていなくておもしろくない』っていわれて。いいレコードだけを中心にかけていたからその通りなんですけど、それをいわれてからは

陶芸作家としての顔も持つ創業者の熊代さん。

コーヒーとザッハトルテ

大阪まで毎月レコードを買いに行くようになったんです。いろいろなレコードを買ってきて絶えず変化させるようになってから、今までは分からなかった作品と作品のつながりを知ったり、新しい発見ができるようになったからあのときの方には感謝しています」と、前向きで謙虚なお人柄。

熊代さんはコーヒーにもこだわりが強く、常に新鮮な豆を使いたいからと専用の冷凍庫を購入したほど。淹れ立ての一杯を片手に、良質なジャズを堪能する時間は至福に違いありません。

◎jazz spot YAMATOYA

㊒京都府京都市左京区東山
丸太町東入ル２筋目下ル
㊔12：00～23：00（L.O.22：30）
㊡水（祝日は営業）、第二木、
1月1日
☎075-761-7685

YAMATOYA流「ジャズ喫茶の楽しみ方」

丸太町
YAMATOYA

▼カウンター横にあるレコードプレーヤー。リクエストにも応えてくれる。

取材の最後に「ジャズ喫茶の楽しみ方」を尋ねてみました。「ミュージシャンや楽器によっても音色が全然違うでしょう？　それはコーヒーやウイスキーにもいえること。それぞれに個性があるから、最終的には自分の好みで楽しんでもらうしかありません。『これはおもしろいな』と思ったら、その演奏者の音楽を突き詰めていけばいい。好きかそうではないか、のどちらかですから。自分がいいと思ったら、ジャンルは関係なく気軽に聞いたらいいと思いますよ」。この言葉を聞いた後はハードルが高いと遠慮されがちなジャズ喫茶に対しての緊張がすっと溶けていくはずです。

ラテン

店主手作りのステンドグラスの美しさと
ショートケーキの愛おしさ

名だたる純喫茶が多数ある京都。特に祇園周辺は、その華やかさに負けない美しいお店が密集しています。現在もあるお店に加えて、営業中を知らせるレモンが入口に一つ飾られていた「まる捨」、祇園最古の喫茶店ともいわれて端正なたたずまいが美しかった「たんぽぽ」など、今はなくとも思い出の中で存在しているお店も。

今まで数え切れないくらい前を通り、気になっていながらも、その雰囲気に圧倒されて足を踏み入れることができなかった「ラテン」。ステンドグラスが幻想的な空間にこの度お邪魔して、すっかりファンになってしまいました。

1952年の創業時から、移り変わる祇園の街並みを見つめてきた店主の井上硅子さん。教会建築で知られるヴォーリズによる生涯唯一のレストラン建築として有名な四条大橋の西詰めに建つ東華菜館（かつては「矢尾政」と

ラズベリーケーキ　専門店から取り寄せる、いちごとラズベリージャムのショートケーキ。

いう呼び名でした)、その並びにあった象牙を扱うお店がご実家だったそう。店内に飾られているいくつもの美しいステンドグラスたちは名の知れた芸術家によるものと思っていましたが、なんと20歳の頃から作りためた井上さんの作品と聞いてびっくりです。もともと手先が器用で洋服のデザイナーになりたいという願いがありましたが、父親に反対されて断念し家業を手伝うことに。終戦直後の当時、この街も例外ではなく外国人兵士たちが闊歩し、まだ幼かった井上さんは拙い英語を駆使しながら店先に立っていたようです。

その後、現在の場所で喫茶店を開くことになって井上さんがノウハウを学びに行ったのは、その建物が国の登録有形文化財にも指定されている西木屋町の「フランソア喫茶室」(P42)。井上さんのお母様とフラン

色鮮やかな手作りステンドグラスが店内を彩る。椅子の背もたれ部分にも細やかな彫刻が施されている。

ソアの奥様が友人だったことからのご縁です。今まで実家の物品販売は手伝ってきた井上さんですが、飲食については全く経験がなかったため、フランソアで三ヵ月間見習いをさせてもらったとのことです。「今でも心に残っているのは『お店のことも肝心だけど、働く人たちを大事にするのが商売の秘訣。人に対して優しく上手に指導したら、商売も繁栄する』という言葉」と話してくださいました。「父からは『見習いの間、給料は絶対にもらったらいけない。教えてもらうのだから』といわれて。でも、三ヵ月間無給で働いた後に、奥様が『いてもらって助かったわ』っていってくれてね。着物を一揃いくれたんです」となんとも人情あふれる粋なエピソード。

　店名について尋ねたところ「裸体の裸に、天国の天で『裸天』ってつ

カルピスコーラ（キューピット）

抹茶のロールケーキ

けたらどうかって父がいってね。でも私も若かったから恥ずかしくて。ラテン音楽のラテンにするっていってそうなりました」と、意外な由来が。

　取材時、井上さんは米寿を迎えた後でしたが、まったくそうは見えない若々しさにあふれていたのでその秘密についても尋ねてみました。

「やっぱり、働くことは生きがいになりますから。健康で働く場所があれば働いたほうがいいです。働いているからこそ休みの日が楽っていうメリハリにもなりますからね」と、今も毎日お店に出ていらっしゃるゆえの説得力のあるご回答。きらびやかなステンドグラスと色とりどりの造花たちに飾られた店内で運良く井上さんにお会いできたなら、あまいものを片手に当時の京都についてお話をうかがう贅沢な時間を過ごしたいものです。

◎ラテン

㊖京都府京都市東山区
大和大路通四条下ル
大和町8
㊋10：30～19：30
㊡水
☎075-561-4245

調度品コレクション

大和町
ラテン

◀最近作ったという美しい鳥籠。「家を建てるのと一緒。寸法が狂ったらあきませんわね。面取りして作ってるんです」と井上さん。

店内をぐるりと見渡すと、井上さんによる精巧なステンドグラスのほかにも気になる調度品がたくさん。例えば、細やかな彫りに見惚れてしまう椅子たちは河原町の「ソワレ」と同じ彫刻師によるもの。その先生が一枚の栗の木をくりぬいて作られた鏡は「僕が死んでも、花はみんな枯れても、これは残るから」と、開店祝いに贈ってくださったものだとか。テーブルの幅が一般的なものに比べて少し狭いのは、「向かい合っている人とおしゃべりしやすいように」と計算されたもの。どれも思い入れのある品ばかりです。

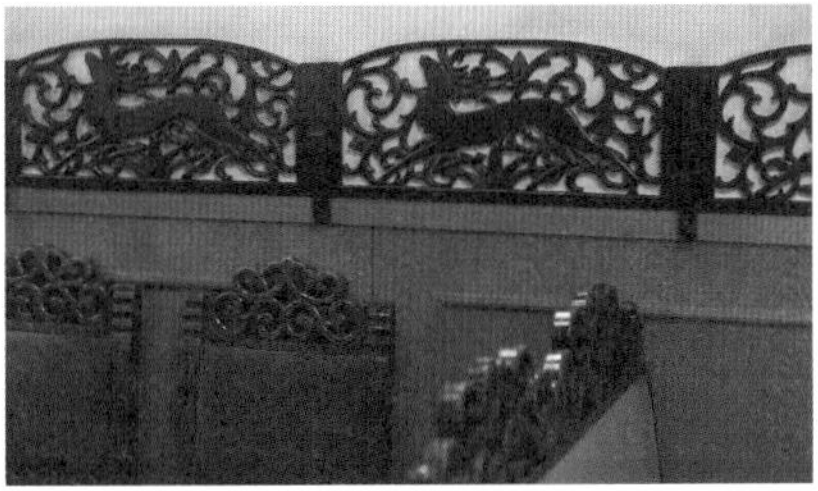

自家製ケーキセット（プレーン）

バニラが香るアングレーズ風ソースにシフォンケーキ、バニラアイス、果物はパイナップルやキウイ、いちごを盛りつけて。

Coffee 憩

美しいデコレーションに思わずうっとり
お店一番人気のシフォンケーキ

どれだけ純喫茶を好きでそのことばかり考えていても、日本全国には数え切れないほどのお店があるので、今までに足を運べたのはその中のほんの一部です。ＳＮＳでとあるメニューが話題となって、連日若い女性たちがやってくる千本通の「喫茶憩《いこい》」のことも、恥ずかしながら今回調べるまで存じ上げませんでした。階段を上がって２階にあるその場所は、以前も喫茶店だったそう。ビル所有者のお嬢さんが「憩」という同じ名前で営んでいましたが、結婚を機に辞めることになり、居抜きでそのまま利用してくれる人を募集。コーヒー豆問屋の方から紹介を受けたのが、現在、店主を務める津田隆光さんでした。「私はその前も大阪の天満橋や京都の四条大宮の喫茶店で働いていて。家主さんが『家賃は安くてもいいからとりあえず続けてほしい。儲からないからといってすぐ辞めない人がいい』というので決めました」。まもなく創業30周年、そのと

きの約束はしっかりと果たされています。
近隣に暮らす人たちが多いのだろうと思っていましたが、予想外にも若い女性たちばかりだそう。彼女たちのお目当ては、テーブルに運ばれた瞬間に思わず「かわいい！」と声が上がるほど、美しくデコレーションされたシフォンケーキ。数あるあまいもののメニューの中でなぜシフォンケーキだったのかを尋ねてみると「クリームが塗ってある普通のケーキより日持ちするでしょう？　添えるクリームも後乗せだから無駄が出ないし。それに、以前働

店内には漫画も。常連だった学生たちが卒業するときに置いていくため、どんどん増えているそう。

いていた店では仕入れたシフォンケーキを使って加工して出していたんだけど、コストを下げるために自分で焼いてもらえないか、というオファーがあって。そのときは全くケーキ作りの知識がなかったから、本屋で見つけたシフォンケーキのレシピを試作してみて足し算・引き算をして」と、偶然に導かれたようないきさつと明確な理由があったのです。5～7月の間だけ限定発売される抹茶シフォンを除くと、プレーン味とチョコレート味の2種類が定番。意外にも人気なのは圧倒的にチョコレート味だそう。2つしかないケーキの型を利用して週に5～6台焼くそうですが、その割合はプレーン1に対してチョコレート3となるほど。それだけ焼いてもすぐに売り切れてしまうそうです。

あまいもののみならず、毎日1メニューずつ食べてもひと月かぶらずに味わえるほど豊富な食事メニューも特徴の一つ。喫茶店という仕事の楽しみについてう

通りに面した大きな窓から明るい光が降り注ぐ。窓際にはカフェオープン時に贈られたというたくさんのグリーンが元気に育っている。

かがうと、「仕込みがうまくいったとき。シフォンだったらきれいに膨らむとか。気分的な問題で、満足する出来だったら提供するときに『どうです、お客さん』みたいな感じになるけれど、ちょっと失敗しちゃったら『お客さん、ごめーん』って（笑）」と、30年もの長い間同じ作業を行っているであろうにもかかわらず、決して義務的にならず毎日試行錯誤して楽しんで作られていることが伝わってきます。好きな時間帯に訪れて、そのときの気分で好きなものを注文する。気軽でうれしい使い方のできる空間がここにはあるのです。

◎喫茶憩《いこい》

(所)京都府京都市上京区
亀屋町57−1
西陣ロイヤルハイツビル２階
(営)12：00〜24：00
(休)不定休（日曜は営業）
☎なし

ヨーグルトパフェ

ブルーベリーソース、フローズンヨーグルトアイスとシフォンケーキ、生クリームなどが層になったヨーグルトパフェ。パイナップルやキウイ、いちごなどの果物は季節で変わる。

インパルス
impulse!

サイフォン式コーヒーとの相性が抜群
りんごがたっぷり入ったアップルパイ

その地域一番ともいわれる繁華街で長年商売を続けていくには一体どのような志が必要なのでしょう。1966年に太秦でジャズ喫茶として開店、その2年後には河原町へ移転。老舗ジャズレコードレーベルにちなんでつけられた店名の通り、営業中はいつもジャズが流れ、店先で自家焙煎が行われている「インパルス」を訪れたときにふと思ったことです。

「ここは元々母方の実家があった場所で、母の両親は中華料理店をやっていました。年をとってそろそろ畳もうかという話になったときに、向かいでジャズ喫茶をやっていたうちの両親がこの場所で喫茶店をしようと受け継いだんです」と、教えてくださった二代目の松井邦昭さん。イノダコーヒでも勤務されていた生粋の喫茶人です。子どもの頃から継ぐ意志があったのかと思いきや、趣味でもあったバイクや車

アップルパイ

アップルパイとアイリッシュ・コーヒー。創業当時からケーキ類は烏丸丸太町にある老舗洋菓子店「ブランブリュン」に特別に作ってもらっている。

関係の仕事に就きたかった時代もあって、最初からその予定ではなかったそう。「若い頃は父親の仕事を継ぎたいという気持ちは全くなかった。はっきりいってしまえばコーヒーにも興味はなかったけど、まあ勉強のためですよね。イノダさんでサービス業のノウハウを一から学ばせていただけてよかった。そういうのがなかったらいい加減な仕事しかできなかったなと今になって思います」。名のある企業で身に着けた基礎をご自分のお店で生かす。松井さんいわく、「イノダコーヒ」という企業店と先代が営む個人店では全く違っていてギャップはあったものの、先代のお父様が12年前に亡

二代目の松井さん。豆を持ち帰る人たちには一度に何杯ずつくらい淹れるかを尋ね、挽く粗さを変えている。

くなって初めていろいろな苦労が分かるようになったそう。内装やお店のスタンス含め、先代が残してくれたものはお店に来てくださる方たちのためにもほぼ変えていません。コーヒーについても、味が変わってしまうとお客さんが離れてしまうとの思いから、昔から変わらないようにしているそうです。

「基本的には仕事だから楽しいだけではないのですが、おいしかったよといってもらえると励みになります。至福とまではいかなくとも、自分のちょっとした時間をここで過ごしてくださるお客さんが来てくれているから商売ができているのかもしれないですね。皆さんがコンビニの100円コーヒーでいいやってなっちゃうとできませんから(笑)。でも、他人の意見を全部聞いていたら自分のスタイルもなくなっちゃうから、そのあたりは元々父がやっていたジャズ喫茶にあったようなルール

ショコラトースト

間口が狭く奥に細長い作り。店内の突き当たりには小さな坪庭もある。

を守りつつ。生きている限りずっと勉強です。学校だけじゃなくてね。逆に僕たちも、お客さんから学ばせてもらうことが多々あります」。二代目というプレッシャーは計り知れませんが、松井さんならではの試行錯誤もあって今に至るのです。

　コーヒー専門店を掲げているゆえ、飲み方には厳しいのではないかと思って尋ねてみたところ「お客さんが一番おいしいと思える飲み方で飲んでもらうのがいいですね」とあっさり。コーヒーがあまり得意ではない人や飲み慣れていない場合は気後れしてしまうこともあるため、お店の方がこういう気持ちでいると分かるとほっとします。

　ずっとそこにあって変わらない味、少しずつ変わっていっている街並み。そんなことに思いを巡らせながら飲む一杯はいつもより感慨深いのかもしれません。

◎自家焙煎珈琲
喫茶インパルス

㊎京都府京都市中京区河原町通蛸薬師上ル奈良屋町２９２
㊔9：00～21：00
㊡木
☎075-255-3629

そこにしかないオリジナルメニューを楽しめるのも個人が経営しているお店での楽しみの一つ。「京景色」というメニューは、あまり積もることはない京都の雪をイメージして作られた40年ほど前からある一品です。コーヒーの上にはホイップクリームとシナモンパウダー。その上に銀色のアラザン。溶けて混ざり合っていく様子も見て楽しんでほしいと先代が考案したものです。

京景色

タルトタタン

店内で食べる際はヨーグルトソースも添えられる。りんごにバター、砂糖だけを加え4時間かけて焼かれる。

LA VOITURE

4時間かけてじっくりと焼かれる
至高のタルトタタン

フランスの菓子、タルトタタンは、19世紀後半、フランスにあったホテル「タタン」を経営していた姉妹のステファニーとカロリーヌによって、最初に作られたといい伝えられています。ある日、ステファニーは伝統的なアップルパイを作り始めたはずがりんごを炒めすぎてしまい、焦げるような匂いに慌ててどうにかしようとりんごの入ったフライパンの上にタルト生地をのせ、そのままオーブンへ入れてしまったのです。じっくり焼かれたそれを取り出してひっくり返してみると、予想外にもそのまま人に出せるほどおいしそうなデザートに仕上がっていたのが誕生のきっかけだそう。

幼い頃はあたたかいりんごが得意ではなく、アップルパイやタルトタタンをすすんで選ぶことはありませんでした。しかし、じっくりと煮詰めたキャラメルのように、年を重ねて大人になって

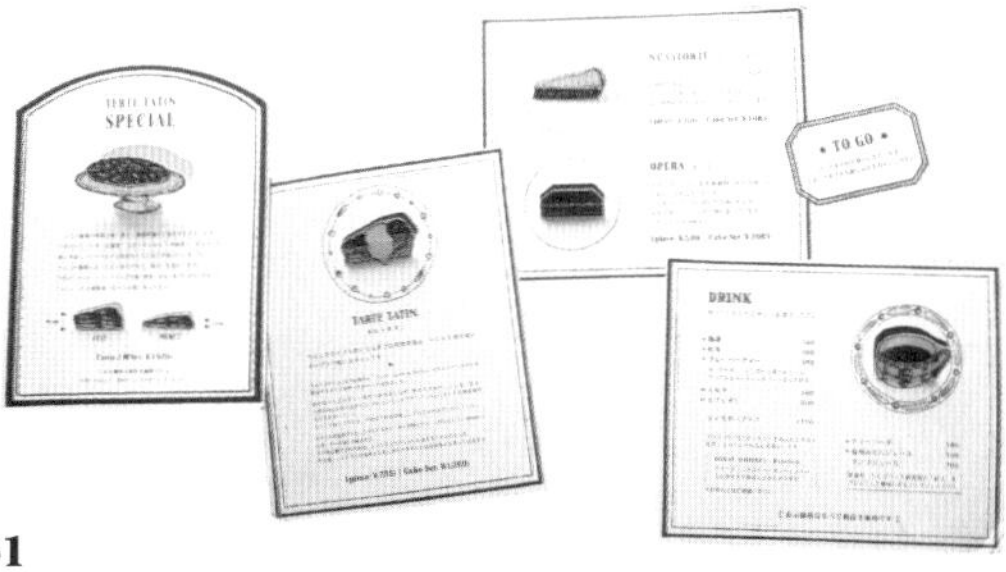

1ホールのタルトタタンに使われるりんごは20個以上。火加減をその都度調節しながら焼き上げる。

からようやくそのおいしさに気がつきました。それからというもの、寄ったお店のメニューにタルトタタンがあると注文しては味わう幸せを知ったのです。

　平安神宮や京都市動物園などがあり、京都でも有数の観光地である岡崎エリア。そこには、4時間かけてじっくりと焼かれる至高のタルトタタンを提供するお店があります。名前は「ラ・ヴァチュール」。かつては、やさしい笑顔のおばあさまが迎えてくださいましたが、時は過ぎて現在はお孫さんにあたる若林麻耶さんが営んでいます。

　日によって差はあれど、16個にカットされたホールを8～12台焼いても売り切れる日が多いほど人気のタルトタタン。おばあさまから引き継いだレシピは季節を通じて基本的に変わりませんが、りんごのあまさや水分量がそれぞれ違うため、砂糖の量などはそのつ

赤いシートのソファやタイルの床、アンティークのオブジェなど、フランスのカフェを思わせる店内。

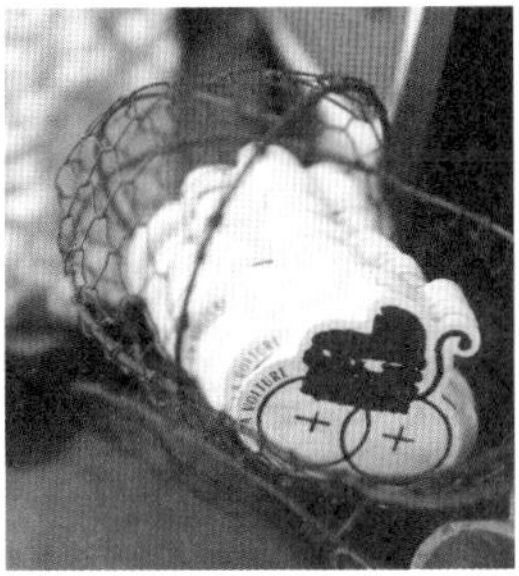

ど調節するそうです。りんごの収穫は9月くらいから始まるので、翌年の8月頃までは前年収穫して冷蔵保存されたりんごを使用します。保管されている間に水分や酸味が抜けていくため、生で食べると水分が少ないように感じますが、タタンにするとあまみに深さが増すそうで若林さんはそのあまさを「成熟したうまみ」と呼んでいました。また、ラ・ヴァチュールのタタンは4センチほどの高さがあるのも特徴的。先代が最初に食べて「おいしくて美しい」と感動したのが高さのあるタタンだったため、今もその高さを保っているそう。日々、味が変わる繊細で奥深いお菓子。「レシピはあるようなないような感じですね。ずっと変わらないことを良いとも思っていませんが、目指しているタタンはずっと変わっていないので、それにより近づけるためにはどのようなアプローチをすればよいかを考える

ことが重要だと思っています」と、他のいろいろなことにも通じるような視点です。

「お菓子を作るというよりは、何かを表現したいのかもしれないですね。あくまでタタンは、一つの表現の形」と笑う若林さんは、とてもキュートで力強くて、明るい光の下で大切に育てられたみずみずしいりんごのようでした。そんな彼女が作るタルトタタンに説得力があるのはいうまでもないでしょう。言葉で説明するよりも感動の一口のためにぜひ、京都までお出掛けください。

◎ラ・ヴァチュール

㊢京都府京都市左京区
聖護院円頓美町47-5
㊡11：00〜18：00
㊎月、不定休
☎075-751-0591（予約不可）

クルミのタルト

加工用りんご「クッキングアップル」

若林さんは焼いたりんごのあまさをワインに例えて「貴腐ワインのような大人びた味わい」と表現。

タタンを作るにあたっては、必ずしも完熟していてきれいなりんごじゃなくてもよいそう。ケーキとして仕上げることでおいしくなるため、傷があることもいといません。若林さんによると、農家の方は冷蔵庫を所有していないことが多く、収穫時期の10〜12月から春くらいまでは低温で保管されますが、その後は気温が上がってしまうため品質が下がる前に加工されることが多いとのこと。お菓子やジャムなど、加工品として使用されるりんごのことを「クッキングアップル」と呼ぶことを初めて知り、会話の途中で何度も耳にした「りんごの世界は奥が深い」。とびきりのりんごを使っていますとアピールするより、そういうことを伝えていきたい」という言葉がじわじわと自分の中に染み込んできました。

六曜社

地下店

河原町三条の老舗喫茶店で味わう
コーヒーとロールケーキ

京都に滞在しているならば、どんなに時間がなくたとえ数分間しか滞在できないとしてもそこにたたずんでコーヒーを一杯飲みたい、とずっと恋い焦がれているお店が三条にあります。それは、2020年で創業70周年となる「六曜社地下店」。長い歴史を感じますが、戦前からの老舗が多い京都ではまだ中堅どころだといいます。

細長いカウンターの中に立って、飄々とした様子でコーヒーを淹れるマスターのお姿は、何らかの雑誌で目にしている方も多いのではないでしょうか。ご両親の影響もあって幼稚園の頃から喫茶店に通い、小学生のときにはすでに砂糖とミルクをたっぷり入れたコーヒーを飲んでいたという奥野修さん。高校生になってからはイノダコーヒに通い、当時からの味の変遷も把握されている京都のコーヒーの達人ともいえるお方です。六曜社地下店では、1982年の開店からずっと自

ロールケーキ

マスターの奥様が作るロールケーキ。
こっくりとしたクリームにはお気に入りの有塩マーガリンが使われている。

BGMは季節やその日の雰囲気によって変える。夏はモダンジャズが多く、寒くなってきたらクラシックや古いジャズがかかる。

家焙煎による香り高いコーヒーで人々を癒し続けています。伝統として10杯点てで淹れてきましたが、種類の多い地下店では注文ごとにペーパーで、1階店ではネルを使用しています。18時から奥野さんによる焙煎が始まって、一度で4・5キロもの豆を煎るため、終わるのはいつも22時くらいになるそう。焙煎の最中は意外にもコーヒーのことは考えず、引き揚げるタイミングには気を遣いながらも、レコードにまつわる本などを読んでいるという奥野さん。実は、ご自身も名の知れたミュージシャンで音源も出されています。

一度聞いたら忘れられない「六曜社」という店名の由来について初めてうかがったのですが、そこには意外なエピソードが。奥野さんのお父様は戦後に満州で屋台のコーヒー店を営んだ後、現地で「レインボー」という喫茶店を開き、日本に引き揚げてからは「コニーアイランド」とい

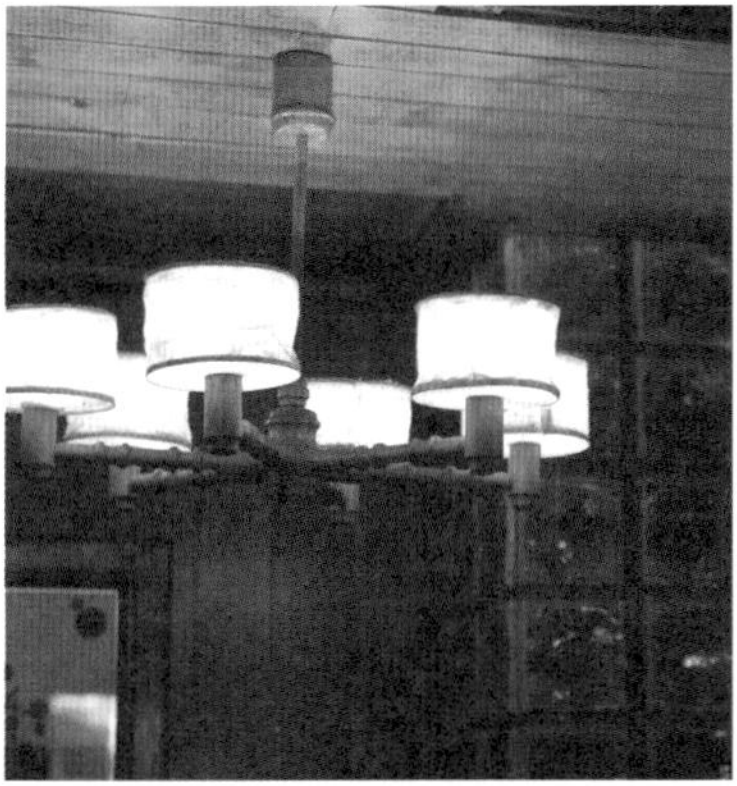

う店を始めるも、その場所を退去しなければいけなくなったのだとか。近所で物件を探したところ、居抜きで空いていた隣のお店が「六曜社」という名前だったそう。聞いたところによると、そのときの経営者たちが6人でやっていたから、「六曜社」と名づけられたのだといいます。

　さて、ここでしか食べられないコーヒーのお供といえば、奥様が毎日作る自家製のドーナツ。「ドーナツが売り切れたときのために」と作られるようになったロールケーキとパウンドケーキも、どちらを食べようかと迷ってしまうほど好きな味です。ロールケーキは試作を繰り返し、選び抜かれたお気に入りの有塩マーガリンを使用。絶妙な塩加減と、そのまま混ぜ込まれた砂糖のじゃりっとした食感が癖になります。パウンドケーキはそのときによって、柿、バナナ、黒砂糖、紅茶、イチジク、りんご、さつまいも、梨、白みそなど、素材が変わり、毎日食べに来たくなる豊富なバリエーションです。

「ここでは毎日映画を観ているようなものです」と話しながら、コーヒーを丁寧に淹れる奥野さんの表情はいつも穏やかな空気をまとっていてほっとします。決まった時間にお店を開けて同じようにコーヒーを淹れていても扉を開ける人たちが日々違うことによって変化するストーリーが生まれて、その日はまさにカメラのようで映る風景はさまざ

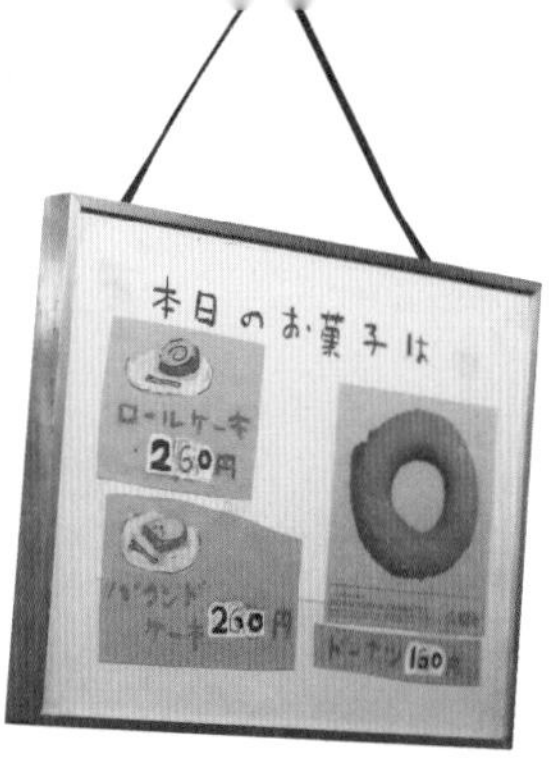

ドーナツ

パウンドケーキ

まなのでしょう。

初めて行くお店ではおすすめのメニューを知りたくなるかもしれませんが、奥野さんいわく「失敗してもいいからとにかくメニュー表を見て、自分の感性を試してみるのがいいのではないでしょうか」とのこと。時間が許すならば、一度の滞在でいくつもの気になったメニューを味わってみるのも楽しいものです。「最近はまた本を読んでいる人が増えてうれしいですね。あくまでもイメージですが、こちらが望んでいる風景です」というお言葉の通り、ここでしか聞こえない音に耳を澄ませて匂いを吸い込んで、とびきりのコーヒーと向き合う。そんな自分だけの時間をぜひ過ごしてみませんか。

カウンター内で作業する奥野さん。

◎六曜社地下店

㊒京都府京都市中京区
河原町三条下ル大黒町40
㊔12：00～18：00
［バー］18：00～23：00
㊡水（バーは無休）
☎075-241-3026
（予約不可）

コラム❹

店主の思う、純喫茶とあまいもの

世の中がいいときも悪いときもお客さんを迎え入れ、
居心地の良い空間を作り続けてきた店主の方々。
純喫茶に対する思いを手描きで表していただきました。

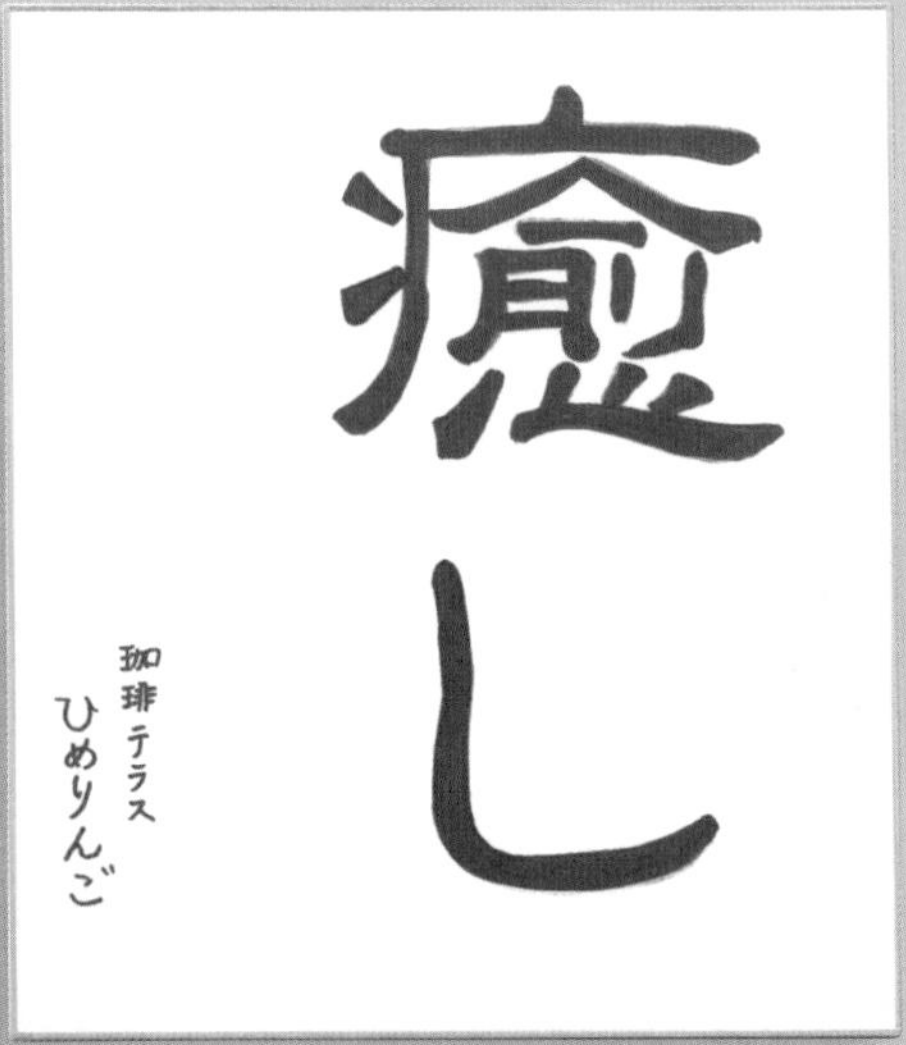

ひめりんご

藤木靖夫さん

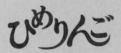

THINGS AIN'T WHAT THEY USED-
-TO BE.
昔は良かったね、デューク・エリントンのnumberですが…

過去に振り回されずに、現代、未来の新しく
始まる出来事を過去の経験を活かして楽し
むべきだと思います。
「知足」音楽も食欲もお金も自分自身のレベルに
あった満足を知ることで変化に応じた柔軟な
思考になり幸せを得られるのでは！
JAZZ-SPOT YAMATOYA 熊代忠文

JAZZ-SPOT
YAMATOYA
熊代忠文さん

COFFEE ゴゴ
河瀬さん

なくてもいいけど
あったほうがいい

純喫茶とあまいもんと聞いて
私がはじめに浮んだ言葉です。
ある詩人は
「あってもなくてもいいものはないほうがいい」
と詠っていますが…
それでもやっぱりちょこっと欲しくなる
だってにんげんだもの

喫茶ゴゴ ㋴

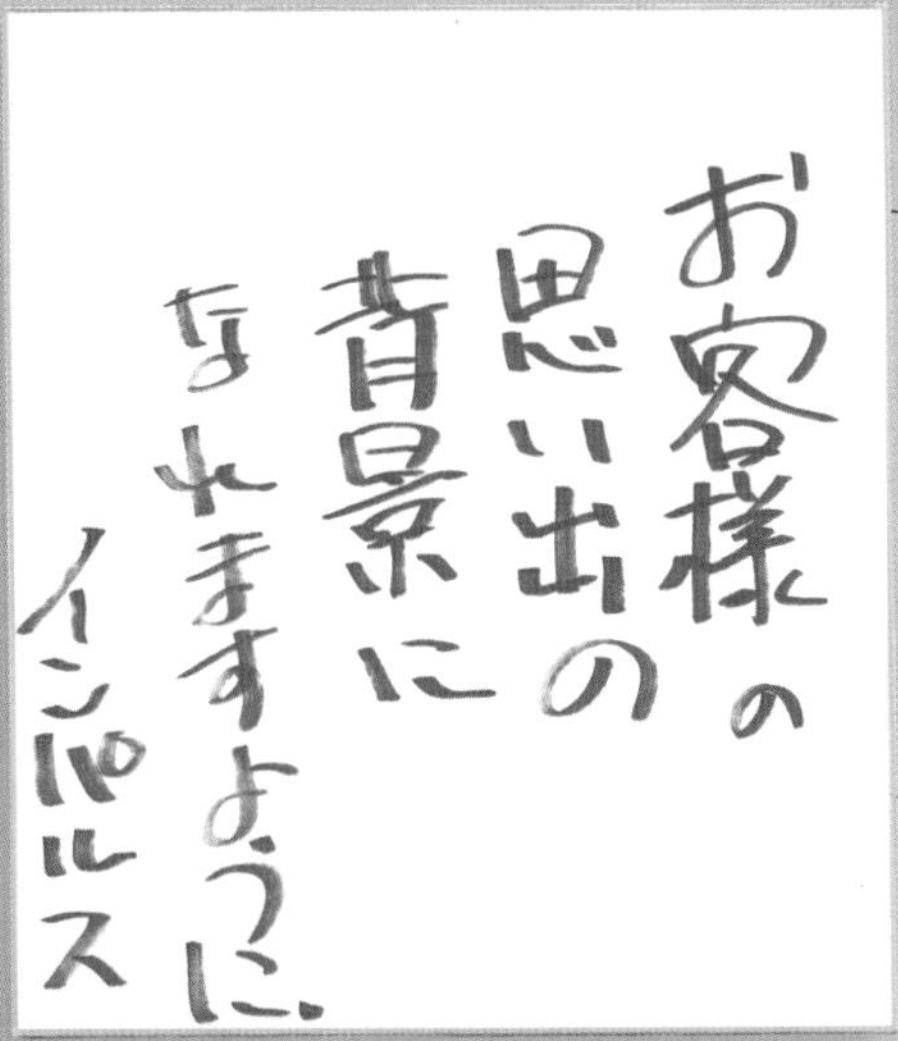
お客様の
思い出の
背景に
なれますように。
インパルス

インパルス

impulse!

松井邦昭さん

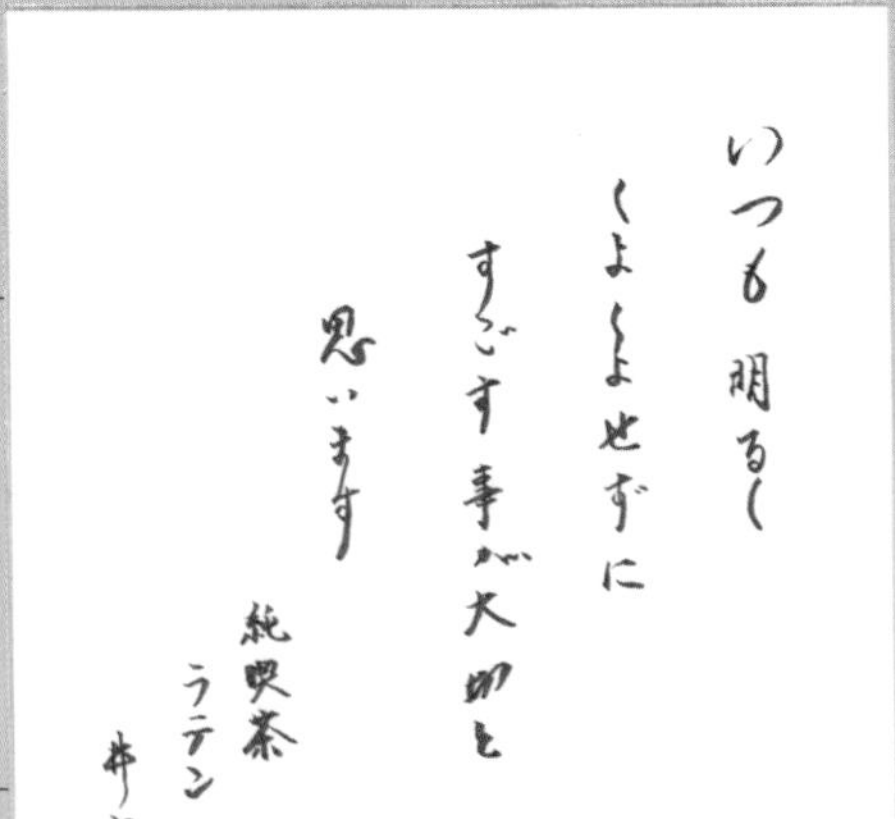
いつも明るく
くよくよせずに
すごす事が大切と
思います
純喫茶
ラテン
井上硅子

ラテン

井上硅子さん

飲みもの

ゼリー

左からゼリーポンチ、ヨーグルトポンチ、ゼリーポンチフロート。5色のカラフルなゼリーがグラスの中で輝き、「食べられる宝石」と称されるほどの芸術的な美しさ。

喫茶

ソワレ

やさしい炭酸水にカラフルな5色のゼリー
青の空間でいただく「食べられる宝石」

数ある喫茶メニューの中でも、ひときわロマンチックで人気のあるクリームソーダ。子どもも大人も思わず注文したくなってしまう魅惑的な飲み物です。テーブルに運ばれてきたときの泡が弾ける様子や、ゆっくり溶けていくアイスクリームに見惚れてしまう方は多いのではないでしょうか？

　クリームソーダは、一般的にイメージされる緑色のほか、赤色、青色、黄色と、最近では数えきれないくらいカラフルになり、盛りつけ方にも個性を感じられるお店が増えました。そんな美しい飲み物がお好きな方たちに一度は訪れてほしいのが河原町の高瀬川沿いにある「ソワレ」です。フランス語で「夜会」、または「素敵な夜」という意味があるそう。扉を開けた瞬間に現実を忘れる特徴的な青色照明は、創業者のご友人である染色家・上村六郎氏の「女性がきれいに見える灯りを」というア

ぶどうの彫刻はぶどう畑が続くフランスの田園風景もモチーフにしているとか。

下山さんのお気に入りは2階全体が見渡せる一番奥の席。

ドバイスから。座席は1階と2階に分かれていますが、昔お見合いが行われたときは、落ち着けるボックス席がある1階が選ばれることが多かったそう。

今回、お話を聞かせて下さったのは5年ほど前にこちらを継いだ三代目の下山純子さん。お父様が倒れてしまった際に、店の継続について悩んだそうですが、「全国からこんなにもたくさんのお客様がいらっしゃるなら、やれるところまでやってみよう」と決心されました。創業者は下山さんのおじいさま。元々、新京極で雑貨屋をされていて、いらっしゃるお客様にお茶を出していたのがきっかけで喫茶店になったそう。フランスの片田舎の教会をイメージされたという天井の高い2階は、創業当時からほとんど変わっておらず、至るところで目にするぶどうの彫刻は繁栄のシンボルとしての願いが込められています。青色の光と相性の良い緑色の

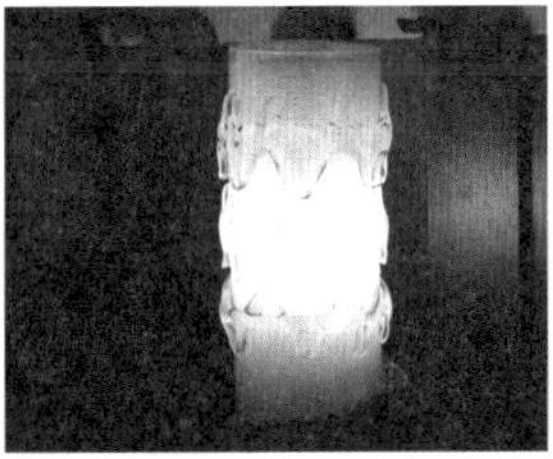

椅子も当時のまま。

平日は120個、休日になると早いときで160個が2時間で売り切れてしまうという名物ゼリーポンチは、今もメニューにあるゼリーコーヒーがきっかけで誕生したそうです。現在はお客様の大半が女性という印象ですが、創業当時は年配の紳士たちが集まる場所でした。時は過ぎ、初代が退いた際に「いらした若い女性たちにも喜んでもらえるものを」と、アートフラワーの先生もされていたお母様が考案されたメニューがゼリーコーヒーでした。そこから試行錯誤を重ね、100年前から変わらぬ製法の炭酸水に、赤・青・黄・緑・紫と5色のゼリーが入ったゼリーポンチが生まれたのです。

ゼリーポンチや青色照明と同じくらいソワレの見どころといえば、店内に飾られた東郷青児氏によるいくつもの絵画。当時はその美しい作品を目当て

に訪れる人が多かったのだとか。創業者であるおじいさまが好きで飾っていたところ、ある日東郷氏本人がいらっしゃるようになり、そのご縁からグラスにあるイラストを描いてもらうことに。入り口に置かれている季節ごとにイラストが変わるショップカードや、店内で使用されているだけではなく販売もしているタンブラーやゴブレットのモチーフにもなったようです。お店でのひとときを満喫した後に自分や友人への手土産とすれば、帰ってからもその思い出の余韻に浸ることができるでしょう。

　一番人気だという2階の窓際席から見えるのは、ゆるやかな流れの高瀬川と大きな桜の木。春には視界がピンクに染まるそうで、目を開けていながら見える白昼夢のような光景。たとえ数十分だったとしても、ここに来れば現世から少し浮遊するよう

東郷青児氏のイラストが描かれたグラスは、お土産として購入もできる。

な気持ちになれてしまうのです。ここにしかない時間があるからこそ、しばし列に並んででも自分で体験したいと、たくさんの人たちがやってくるのでしょう。お店の継続を促すのは、その場所や歴史を強く愛する人たちの気持ち。そして、行列はその思いが可視化されたものだからこそ、これからもずっとソワレの前が順番を待つ笑顔の人たちで賑わっていることを願うのです。

◎喫茶ソワレ

㊮京都府京都市下京区
西木屋町四条上ル真町95
㊗13：00～19：30
（L.O.18：30）
㊡月（祝日の場合は翌日）
☎075-221-0351（予約不可）

2階とはまた雰囲気の異なる1階テーブル席。

Cattleya

種類によってアイスクリームの味も違う
「暑い日限定」のクリームソーダたち

毎年7月に開催される「祇園祭」でも知られる東山区の八坂神社。そこから一番近い喫茶店、といっても過言ではないのが創業70年を超える「カトレヤ」。門前にあって、周囲の和を感じさせる軒先とは一風異なる洋風な店構えが気になるのか、窓の近くの席から外を眺めていたら、何人もの外国人観光客の方々が店内をのぞき込んでいく様子が見られました。こちらでいただけるコーヒーや紅茶はもちろん、お冷にも神社の敷地内から湧き出る「御神水」を使用しているそう。御神水は店内にある井戸から水路を厨房に引いて利用。店の中央に半円の井戸を見ることができます。

芸術関係の大学で学び、こちらの三代目とご友人だったという高橋智樹さんが2011年から店長を務めています。「お互いファッション関係の仕事をしていたのですが、友人がアパレル

クリームソーダ

暑い日限定メニュー。左から透明なクリームソーダ（ライチソーダ）、緑のクリームソーダ（メロンソーダ）、黄色いクリームソーダ（パッションフルーツ）。

チーズケーキ

の仕事を辞めて実家の店を継いで三代目になったと聞き、遊びに来てみたらとても良い雰囲気だったのでしばらくはお客さんとして通っていたんです。ここでゆっくり働かせてもらいながら、自分の制作活動を続けられたらいいなあと思って」と、店長になったきっかけについて話してくださいましたが、最近では観光客をはじめとしたお客さんがとても増えていて、ひと息つける時間もあまりないそう。特に、桜や紅葉の時期は一層混み合うようですが、予約もできるため予定を決めておきたいときにも安心です。

　系列のカフェで作っている自家製ケーキたちや「古（いにしえ）」という名前がつけられた昔ながらの味わい深いコーヒーと並んで、最近ではクリームソーダの人気がとても高いそう。定番のメロン味がする緑色に加えて現在は6色から選べ、パッションフルーツの黄色、

チョコレートケーキ

カウンター前のテーブルは古いミシン台を再利用したもの。席は事前に予約可能。

ラズベリーの赤色、バナナミルクの白色、ライチソーダにラムネ味のアイスクリームが乗った透明のもの、エスプレッソソーダにコーヒー味のアイスクリームとゼリーが乗った黒色と珍しいものまで。販売時期は「暑い日限定」。「こう書くことによってお客さんとのコミュニケーションが取りやすいんですよ。『今日は暑い日ですか?』みたいに。ソーダの味を変えているところは多いと思うのですが、上に乗せるアイスクリームの味まで変えているところは少ないんじゃないかなあ」と教えてくださいました。

最近ではさまざまな国の方々が訪れるようになって母国での話をうかがうことも多く、それぞれの文化や言葉の違いなどはありますが、高橋さんがお好きな洋服について話題に上がることもあって刺激になっているそう。モーニングの時間帯は設けていませんが、一日中食事メニューは注文可能で、以

前から芸妓さんたちにも愛されてきた焼きうどんは、メニュー表では「Fried Udon」と書かれ、海外の方にも人気があるそうです。

これからのカトレヤについて「守っていくのも大事、でも新しいこともやりたい。なるべくマイナスしていくことでよりシンプルな店にしていきたい」という高橋さん。クラシックとモダンが交差してこそ、店内奥にあって目を引く明治時代のステンドグラスや、背もたれが特徴的な椅子、淡い色のレースが揺れる窓際の席などが際立っていくことでしょう。

◎**祇園喫茶カトレヤ**

㊖京都府京都市東山区
祇園町北側284
㊫9：00～21：00
（日曜～19：00）
㊡不定休
☎075-708-8670（予約可）

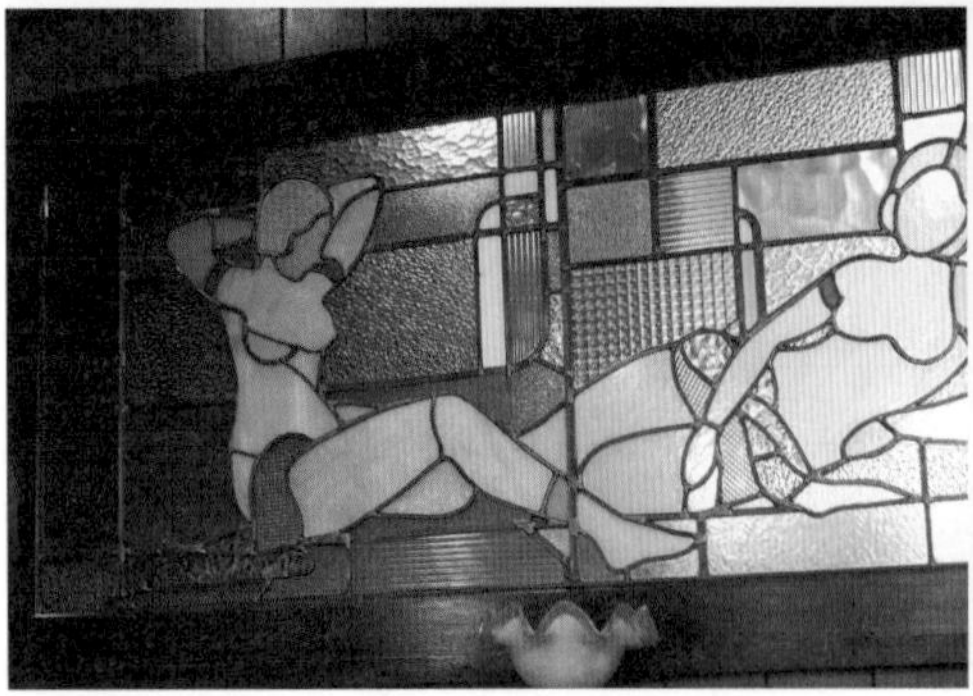

三代目からお店を任された店長の高橋さん。

先代が愛する白いカサブランカ

店名は「カトレヤ」ですが、先代が最も好きだという花、白いカサブランカは、店舗奥にある大きなテーブルの上に常に飾られています。毎週月曜日に生け替えており、SNSでは美しく生けられた花々のその日の様子が掲載されて目を楽しませてくれます。

店内のところどころに飾られている美しい花々。

築地

京都で初めて提供したといわれる
名物ウインナー珈琲

　通りがかった人たちの目を引く重厚な外観と、入口に敷き詰められたカラフルなタイルたち。開き戸を開けて中に入ると、昔のウエスタン映画で見たことがあるような木製のスイングドアが顔を出す。家具や調度品たちも美術館で丁重に扱われていてもおかしくないような高級感あふれるものばかりで、コーヒー一杯の「入場料」でこんな空間を味わえるなんて、と訪れるたびに緊張を上回る幸福な気持ちに満たされる場所。

　こぢんまりとした使い勝手の良さそうなカウンターの中でひっきりなしに届く注文に手際よく対応しながらお話を聞かせて下さったのは、三代目として店を守る原田雅史さん。俳優のように端正な顔つきと白いシャツに黒いベストのたたずまい。お仕事をする様子は、

ウインナー珈琲

ホイップクリームには砂糖は入っておらず、角砂糖が2つ添えられた状態で提供される。コーヒーはウインナー珈琲のみ。

まるで映画のワンシーンのようです。

昭和9年創業、原田さんのおじいさまにあたる初代はハイカラな方で、趣味であるカメラは二眼レフを使いこなし、当時珍しかったサイドカー付きのバイクに乗っていたそう。まず「築地」という店名の由来をうかがうと、俳優を目指されていたおじいさまがかつて東京にあった「築地小劇場」からつけたとのこと。凝った内装がどのようにして造られたかは「設計者がいて図面があるわけではなく、祖父が大工さんにここはああして、天井はこうしてと好きなように作った感じで。内装だけではなくて、家具も大きいもの二つと長椅子以外は椅子も全部祖父が絵を描いてオーダーしたものです」と、教えてくださいました。一つひとつじっくり見ると、椅子の背もたれの彫

りが全て違うこだわりです。

控えめにクラシックが流れる貴重な空間で選びたいとびきりのメニューは、諸説あれど「京都で初めて提供した」といわれている、名物のウインナー珈琲。このメニューが登場した当時は戦後まもなく、まだ砂糖もミルクもなかなか手に入らない時代。物資が不足しているゆえに粗悪なものもたくさん出回っていたそうです。生クリームも例外ではなく、ホイップして固まった状態で提供することで「築地ではきちんとした材料を使っている」ことの証明となったそう。生クリームを泡立てるときに砂糖は入れません。代わりに角砂糖を2つ添えて出すのが、当時から変わらないスタイル。ウインナー珈琲の正しい飲み方は店によって違いますが、かき混ぜることなく

重厚感のある家具やアンティークの調度品に囲まれ、中世のお城に迷い込んだかのよう。

そのまま口をつけてクリームとコーヒーを一緒に味わい、最後にカップの底にたまった砂糖のあまさを楽しむ、というのがよく聞く作法。築地ではどのような風かと尋ねてみると「原則的には好きなように混ぜて飲んでいただいてもいいんですけど、できれば最低1個はお砂糖を入れてほしい。砂糖を入れることで、おいしいコーヒーはあまみが際立ちますから」と、あくまでも飲み手の自由を尊重するお言葉。

大学生の頃からアルバイトとしてお店に立っていた原田さんがお店を継いでから、約20年がたちました。「父と一緒に店に立っていた時代もあって、ある程度のことは教えてもらいましたけれど、口では伝えきれないことって多分いっぱいあったと思います。店内にあ

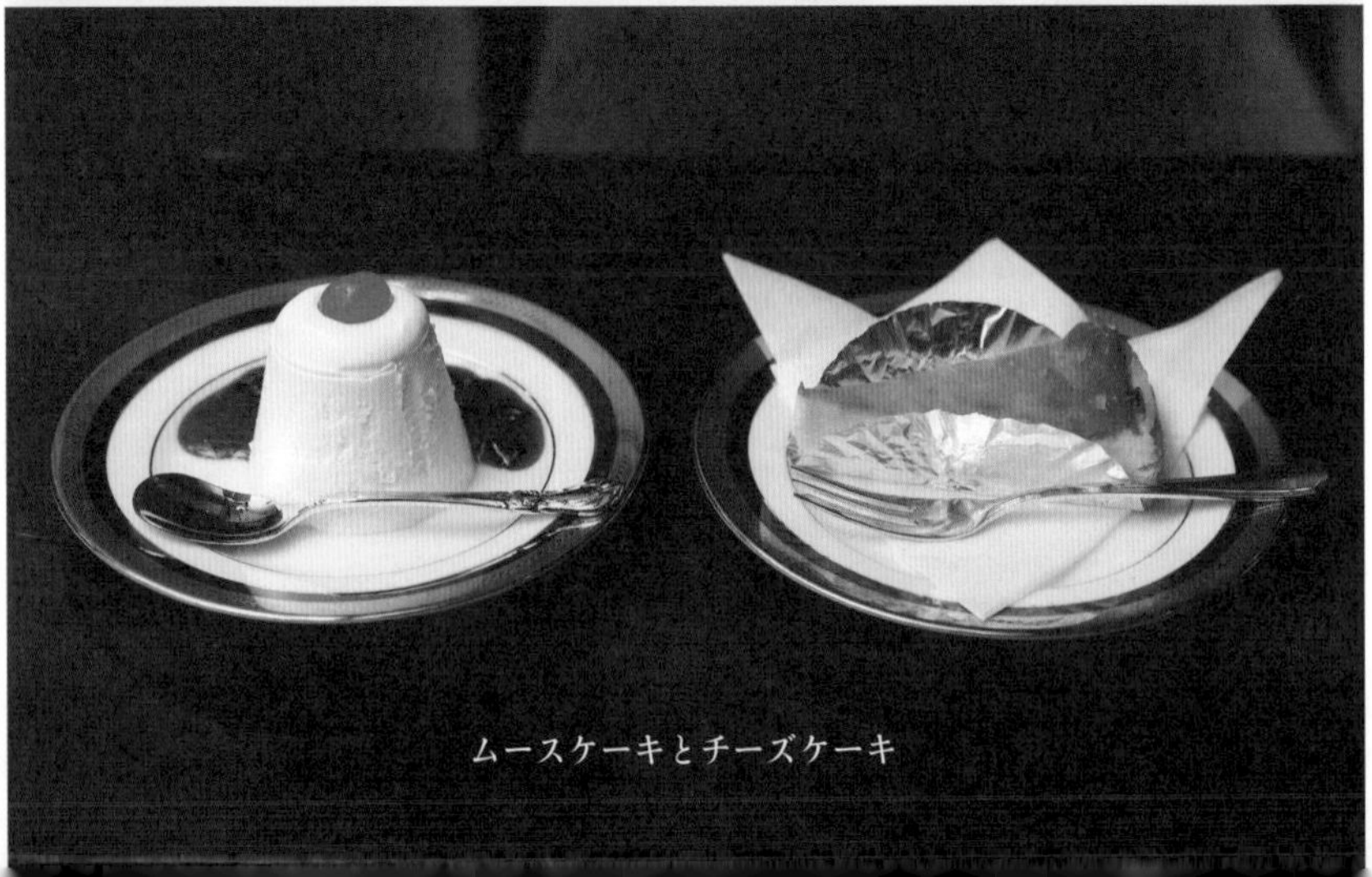

ムースケーキとチーズケーキ

るものは祖父が少しずつ買い集めて揃えていったもので、今に至るまでできるだけ場所も変えないようにしています。僕たちは祖父が遺していったものを守っているだけです」と、謙虚におっしゃいますが、創った人にとってそれを守り続けてくれる家族がいることはどれだけ幸せなことでしょう。

◎築地

㊒京都府京都市中京区河原町通四条上ル一筋目東入ル
㊑11：00〜17：00
㊡無休
☎075-221-1053（予約不可）

琥珀色の照明に赤いベルベット生地の椅子が照らされる2階席。

長樂館

KYOTO
CHOURAKUKAN
SINCE 1909

有形文化財の洋館で味わう優雅なひととき
バラの花びらを浮かべたウインナーコーヒー

ゆるやかに時を重ねた歴史ある建築物を、手の届かない遠いところから眺めるのではなく、実際にその空間へ入って臆することなく触れたり匂いを嗅いだりすることによって、その魅力を実感する「動態保存」という在り方。それは、純喫茶をはじめとした古き良きものを愛する人たちにとって、どんなにありがたいことでしょう。

知恩院、高台寺など四方を観光地に囲まれた円山公園の敷地内に凛々しく存在する「長楽館」。１９０９年、「煙草王」と呼ばれた実業家・村井吉兵衛により、国内外の賓客をもてなすための迎賓館として誕生しました。明治という時代を彩った伊藤博文、大隈重信、山縣有朋を筆頭とする日本の偉人たちのほか、各国の皇族・大使などたくさんの人たちが集う場所として利用されたのです。１９８６年には建物だけではなく家具調度品の多くも京都市有形

ウインナーコーヒー

薔薇の花びらの形をした生
クリームを載せていただく。
カップとソーサーはマイセン。

文化財の指定を経て、2008年には改装を行い、2020年5月には竣工111年目を迎えました。気の遠くなるような時間を超えてなお、英、米、仏、中、日の趣を折中し、まさに芸術様式の宝庫として愛されています。

現在、オーナーである土手素子さんのお父さまがこの建物に惚れ込んで買い取ったときはきちんと手入れがされておらず、中はぼろぼろの状態だったそう。そこから少しずつ少しずつ手を加えてきれいになり、せっかくなら多くの方に見てもらおうとカフェとしてオープンしたことが、現在の喫茶室の

1階にある「迎賓の間」は、アフタヌーンティー利用のお客様専用。

始まりでした。最初の所有者である村井氏以降、さまざまな人の手に渡って、そのつどそのときの持ち主の好みに修復されていたようですが、土手さんが管理するようになってからは、変えずに残しておくところと新しくするところの見極めをする際に「村井さんならどうしただろう?」と当時の使用方法をリスペクトしながら考えて決めているそう。月に一度、そして夏と冬は5日間ずつ日にちを割いて大規模な修復をするために全館休業しています。これからも長い年月、ずっと錆びずに生き生きとそこに在ってもらうための大切な時間です。

喫茶利用の際は、それぞれしつらいが異なる7つの部屋で楽しむことができます。長楽館の名物メニューともいえるアフタヌーンティー利用のお客様は、専用のロココ様式の部屋「迎賓の間」へ入ることができます。

同じ館内にあるフレンチレストラン「ル シェーヌ」。

カフェではそれぞれ建築様式の異なる7つの部屋のいずれかに案内される。

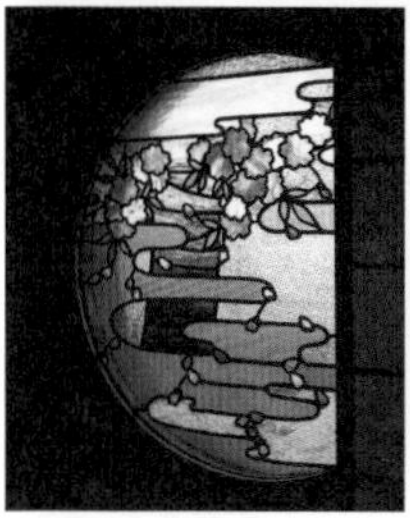

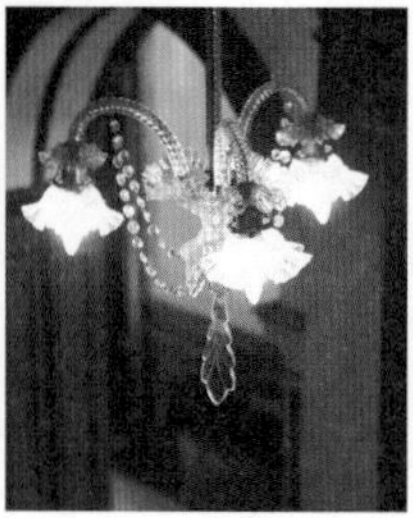

上）球戯（ビリヤード）を楽しむ部屋として作られた「球戯の間」。

最後に長楽館の楽しみ方の一例をうかがいました。「来館して非日常を味わってほしいですね。建築物として、当時の材料の質感や手法など、現代と比べるわけではないですが、たくさんの人たちに望まれて残っているということは価値があるものだと思うので。それぞれがゆっくり過ごしていただけたならうれしいですね」とのお言葉。幾時代をも超えてさまざまな人たちが思い思いにくつろいできた唯一無二の洋館で過ごす午後はそれだけで大切な思い出となることでしょう。

◎長楽館

㊑京都府京都市東山区
八坂鳥居前東入ル円山町604
㊖［カフェ］11：00〜18：30
（L.O.18：00）
㊡不定休
☎075-561-0001（予約可）

「迎賓の間」でいただく英国式アフタヌーンティー

円山町

長楽館

長楽館の代名詞ともいえるのが、英国式アフタヌーンティー。かつては応接室として使われていた「迎賓の間」で、窓の外の自然豊かな風景を眺めながら、特別な時間にうっとり酔いしれることができます。

ティースタンドは3段それぞれに季節の美しいケーキやスコーンが並んでいます。

まずはじめに、スパークリングワインかフレッシュジュースで喉を潤し、あたたかい状態で提供されるスコーン2種とケークサレをいただくのがおすすめ。次にフィンガーフードを味わい、最後にデザートたちであまいひととき。おなかも心も満たされた後には、スリランカ産のブラックティーをベースにした自慢の紅茶か、その日の気温や湿度に合わせてネルドリップで淹れられる薫り高いコーヒーを。

＊アフタヌーンティーのご利用は２名様から(要予約)。

茶の間

名物ビーフカレーのお供に
ボリュームたっぷりミックスジュース

ミックスジュース

通常のワイングラスの2倍はありそうな大きさで驚くお客さんも多いとか。材料はパイナップル、みかん、バナナ、黄桃にグレープフルーツジュースと牛乳。

カウンター

昭和41年に大石和枝さんが創業。現在は娘の紺谷和未さんが二代目を継いでいる。午前中は名物カレーの準備で忙しい。カウンター越しに見えるコロマンデルの写真（P118）が癒し。

床・インテリア

クラシカルなデザインの床やシンプルなシャンデリアの照明など、昭和を感じさせる店内。

1966年の創業以来、おいしい飲みものと食事、そして誰もがくつろげる空間を提供し続けている。

トーストとロシアンティー

イチゴジャムとともに味わうロシアンティーとバタートースト。余ったいちごジャムをトーストに塗るという楽しみ方もあり。

◎喫茶 茶の間

㊁京都府京都市上京区下長者町
室町西入ル南側
㊂7：30〜17：00
㊡土・日・祝日
☎075-441-7615（予約可）

これを目当てに訪れる人も多い本格派の味わい

アルバイトとして働いていたスリランカの留学生に教わったという本格派のビーフカレー。辛さはマイルド・普通・ちょい辛・大辛の4段階から選べる。ライスにかかっているコーンフレークの食感もいい。

COFFEE BAR
HANANOKI

あの名優も愛したセピア色の店内で
バナナジュースを味わう穏やかな時間

寺社が豊富で松竹撮影所もあることから時代劇などのロケ地として利用されることも多い京都。一仕事終えて深呼吸したいのは誰しも同じなのでしょう。京都の喫茶店へ行くと、昭和のスターたちが撮影の合間や終わったあとに訪れてくつろいでいた思い出話をよくうかがいます。中でも、その名前を知らない人はいないほどの名優・高倉健氏が愛したお店の一つが鞍馬口にある「花の木」。今でも高倉氏のファンが多く訪れるというその空間は、昭和の古き良き空気を残す穏やかな時間の流れる場所でした。

「健さんが好きだった席は今も人気でね。そこがいちばん多かったかな？ほら、健さんの憧れのジャン・ギャバンの正面だから。通称5番テーブルと呼んでいます」と、50年もの間こちらを営んでいる門田貞三さんの

バナナジュース　バナナに牛乳を加えたシンプルなバナナジュース。さらりとして飲みやすい。

入口は紫明通りに面した側（写真奥）のほか、反対側にもある。

指さすほうを見ると、かわらしい花柄の壁に飾られた在りし日の高倉氏のモノクロの写真が視界に飛び込んできました。撮影後にこちらを訪れた際に撮られた写真ということですが、まるで映画のワンシーンのようなたたずまいで見入ってしまいます。その下には壁にもたれるように並べられているえんじ色の椅子たち。コーヒーカップを置くのにちょうど良さそうな小さめのテーブルは、実はエッチングが施された真鍮のトレイだそう。あたたかみのあるインテリアで統一された店内は、気を抜くとうたた寝をしたくなってしまうような心地良さです。

「どちらかというとコーヒーは好きではなかった」とおっしゃる門田さんが現在のように花の木のマスターを務めることになったきっかけは、こちらで働かれているご友人に会い

格子柄の床や花柄の壁紙など、内装は創業時のまま。

ウインナーティー

ピュアショコラ

に来たときに「格好良い店だ」とこの雰囲気に惚れ込んだことから。その後、門田さんもアルバイトとして働き、レストランバーとして開店した2階を借りたところ、「買い取ってほしい」と言われて代替わりしたそうです。店内は、門田さんがまだ16、17歳だった頃からほとんど変わらず、先代がフランスのカフェに憧れて造った内装は縦と横に組まれた木の天井をはじめ、当時の面影をそのまま残しているようです。出入口が二ヵ所あることも風通しの良い理由の一つでしょうか。日替わりのお弁当が人気メニューで、例えば、月曜日はポークカツかチキンカツ、火曜日はハンバーグ、水曜日は海老フライなど、近隣の病院や大学で働く人たちの昼時の楽しみを支えています。

　コーヒー好きで知られる高倉氏はこちらでも決まってコーヒーを召し

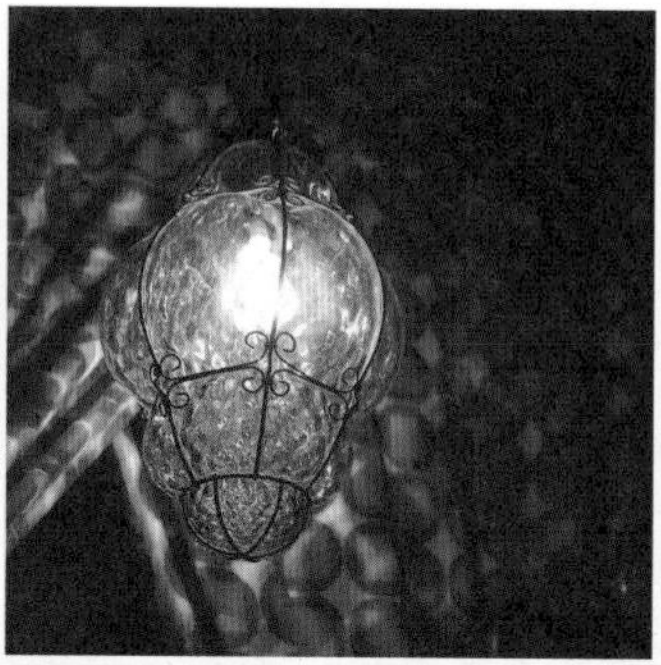

エッチングが施された真鍮のテーブル。

上がっていたとのこと。門田さんいわく「健さんの好きそうな、薄くて飲みやすい感じ」の味わいは、京都の大手老舗コーヒーメーカーであるワールドコーヒーに頼んでいるそうです。かつて、高倉氏はどんな景色を眺めて、何を思いながらその一口を楽しんでいたのでしょうか。同じ椅子に腰掛けて、昭和の頃から今に引き継がれているその味をゆっくりと堪能するのもいいかもしれません。

◎**花の木**

㈷京都府京都市北区
小山西花池町32-8
㊇10：00～17：00
㊡日・祝日
☎075-432-2598

高倉健氏から贈られたジャン・ギャバンのポスター

店内はいつも落ち着いた雰囲気ですが、高倉氏がやって来たときも騒ぎ立てる人はおらず、皆さん素知らぬふりをしてこちらでの快適な滞在時間をそっと守っていたそう。そんな居心地の良さに敬意を表して、高倉氏から門田さんに贈られたのが、カウンター奥に飾られているジャン・ギャバンのポスター。何とも粋なプレゼントは時間を経てもなお、この空間で圧倒的な存在感を放っているのです。

コラム⑤

シュガーポットコレクション

テーブルの上にさりげなく置かれたシュガーポット。普段は見過ごしてしまいがちですが、よく見るといろいろな形や素材のものがあります。中に入っている砂糖もさまざま。

マリ亜ンヌ

琥珀色の足つきシュガーポット。持ち手を動かすとふたが開く。

喫茶リゲル

金属を叩いて加工する鍛金のあとが美しい銅製のシュガーポット。

ゴゴ

デザインが異なるシュガーポットにザラメ糖とグラニュー糖が入っている。

喫茶チロル

さびや腐食に強いというステンレス製シュガーポット。創業時からずっと現役。

切通し進々堂

透明のガラスに木のふた。スプーンの柄尻についた丸い木がアクセント。

前田珈琲明倫店

コロンとした丸みのあるステンレス製シュガーポット。中にはグラニュー糖。

名曲喫茶 柳月堂

ワイングラスのような高さのあるシュガーポット。中には角砂糖。

自家焙煎珈琲 喫茶インパルス

琥珀色のガラスに厚みのある木のふた。スプーンの柄尻に丸い木の飾り。

喫茶憩

大理石を思わせるようなふたに、透明なガラス。中にはグラニュー糖。

長楽館

端正な銀製で、両側に取っ手がついたトロフィーのようなデザイン。

六曜社地下店

ブラウンシュガーとグラニュー糖。トレイに2つ並んだ姿がかわいらしい。

喫茶 茶の間

ふたの取っ手がキュートな真っ白な陶器製。ここにも柄尻に丸い木の飾り。

祇園喫茶カトレヤ

三段になった透明のガラス製の容器に、厚みのある木のふた。柄尻の木の飾りはリゲルと同じ。

出会えたことに感謝して思う存分愛情を注ぎたい

日常では自宅以外のもう一つのリビングのようにほっとひと息つける場所であり、旅先ではわくわくする時間を彩って心とおなかを満たしてくれる場所である純喫茶。適切な距離感で接してくださるお店の方はまるで気心の知れた古い友人のようだったり、その街のことを誰よりも知っている心強い存在だったりします。皆さまの暮らす街にも昭和の時代から変わらない時間、懐かしい空間、いつもおいしいと思ってもらえるよう進化し続けている味わいを楽しむことができるいくつかの純喫茶がきっとあることでしょう。用事の合間に、散策の途中に、食事の時間に、気になったお店に入って何をするでもなくただぼんやりする時間は格別です。

きっとこれまでの常識ではいられない世の中になることと思いますが、それでも生きていくうえで「好きなもの」や「楽しいと感じる時間」は絶対に必要です。好きなお店から取り寄せた豆を利用して自宅でコーヒーを淹れてほっとできるのもかつての実体験があってこそ。恋い焦がれる対象や思い出を愛でるためには、やはり自分の記憶がないと難しいため、今すぐには無理でも未来の自分のためにまた旅をして何かを感じたりしたいものです。

純喫茶に夢中になった十数年前から今に至るまで２０００軒以上を訪れても決して飽きることはなく、むしろお店の方たちの想いに触れるたびにますます惹かれてしまい、私の恋心は加速し続けています。純喫茶

難波 里奈　なんば・りな

東京喫茶店研究所二代目所長。日中は会社員、仕事帰りや休日に純喫茶を訪ねる日々。昭和の影響を色濃く残したものたちに夢中になり、当時の文化遺産でもある純喫茶の空間を日替わりの自分の部屋として楽しむ。著書に『純喫茶とあまいもの』（誠文堂新光社）、『純喫茶レシピ』（監修、誠文堂新光社）、『クリームソーダ 純喫茶めぐり』（グラフィック社）、『純喫茶の空間』（エクスナレッジ）ほか。

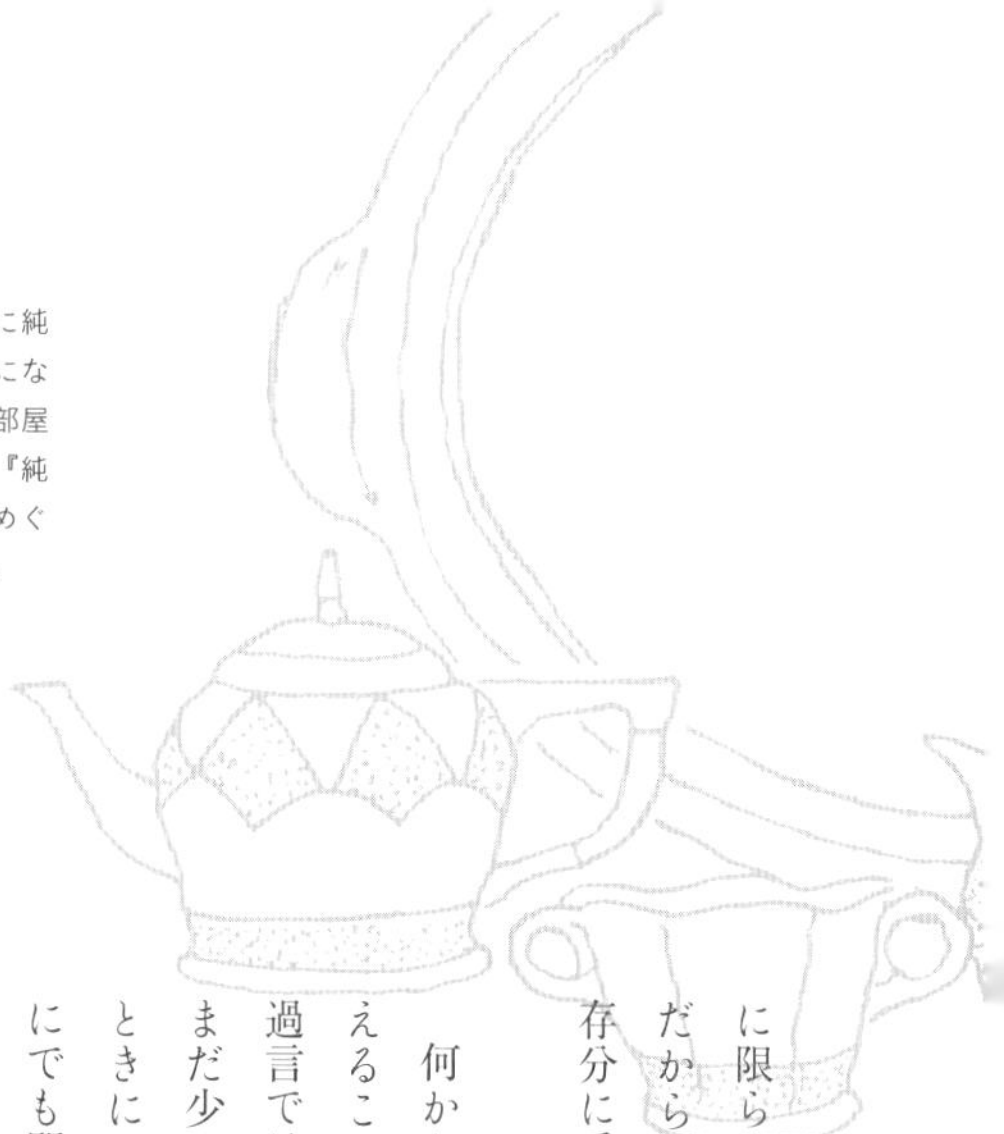

に限らず、誰かがつくったものはいつかなくなってしまう儚い存在です。だからこそ、消えてしまう前に出会えたことに感謝して後悔しないよう存分に愛情を注ぎたくなるのでしょう。

何かを好きだと思う気持ちはとても強いもので、多少の困難も乗り越えることの原動力になりますし、むしろそれが生きる理由だといっても過言ではないと思っています。純喫茶に関しても、いつ好きになったとか、まだ少ししか行けていないなどは気にしなくていいのです。思い立ったときにふらりと扉を開けたら癒される。純喫茶はそんな風にいつでも誰にでも開かれているやさしい場所なのですから。

事情や環境は人それぞれ。無理のないように、近場と遠出を使い分けていつかは気になるあのお店へ。この一冊にぎゅっと集まった個性あふれる30軒は、有名な観光地へ行くのと同じくらい濃密な「京都時間」を教えてくれるはずです。

最後になりましたが、貴重な時間を割いてこの本に関わってくださった全ての人たちに心から感謝申し上げます。また必ずあの場所で香り高い一杯と、とびきりのあまいもので乾杯を。その日が来ることを楽しみにしています。

難波里奈

撮影　石川奈都子
デザイン　田山円佳（スタジオダンク）
編集　江角悠子
校正　ケイズオフィス

これからも通《かよ》いたい30の名店《めいてん》
純喫茶《じゅんきっさ》とあまいもの　京都編《きょうとへん》

2020年11月16日　発　行　NDC672

著　者　難波里奈《なんばりな》
発行者　小川雄一
発行所　株式会社 誠文堂新光社
〒113-0033　東京都文京区本郷3-3-11
［編集］電話：03-5800-3614
［販売］電話：03-5800-5780
https://www.seibundo-shinkosha.net/

印刷・製本　図書印刷 株式会社

ISBN 978-4-416-52039-0